珍藏本
纪念版

汉译世界学术名著丛书

经济科学的性质和意义

〔英〕莱昂内尔·罗宾斯 著

朱泱 译

商务印书馆
SINCE 1897 The Commercial Press

2017年·北京

Lionel Robbins

AN ESSAY ON THE

NATURE AND SIGNIFICANCE

OF ECONOMIC SCIENCE

Macmillan and Co. , Limited,London

Second Edition, Revised and Extended, 1948

本书根据伦敦麦克米伦出版公司 1948 年修订和增补第 2 版译出

汉译世界学术名著丛书
（120 年纪念版·珍藏本）
出 版 说 明

2017 年 2 月 11 日，商务印书馆迎来 120 岁的生日。120 年前，商务印书馆前贤怀揣文化救国的理想，抱持"昌明教育，开启民智"的使命，立足本土，放眼寰宇，以出版为津梁，沟通中西，为中国、为世界提供最富智慧的思想文化成果。无论世事白云苍狗，潮流左右激荡，甚至战火硝烟弥漫，始终践行学术报国之志，无改初心。

逐译世界各国学术名著，即其一端。早在 20 世纪初年便出版《原富》《天演论》等影响至今的代表性著作，1950 年代后更致力于外国哲学和社会科学经典的译介，及至 1980 年代，辑为"汉译世界学术名著丛书"，汇涓为流，蔚为大观。丛书自 1981 年开始出版，历时三十余年，迄今已推出七百种，是我国现代出版史上规模最大、最为重要的学术翻译工程。

丛书所选之书，立场观点不囿于一派，学科领域不限于一门，皆为文明开启以来，各时代、各国家、各民族的思想与文化精粹，代表着人类已经到达过的精神境界。丛书系统译介世界学术经典，引领时代思想，为本土原创学术的发展提供丰富的文化滋养，为推动中国现代学术和现代化进程做出了突出的贡献。

为纪念商务印书馆成立120周年，我们整体推出“汉译世界学术名著丛书”120年纪念版的珍藏本，寄望既利于文化积累，又便于研读查考，同时向长期支持丛书出版的译者、编者和读者致以敬意。

两甲子后的今天，商务印书馆又站在了一个新的历史时间节点上。我们不仅要铭记先辈的身影和足迹，更须让我们的步伐充满新的时代精神。这是商务人代代相传的事业，更是与国家和民族的命运始终紧密相连的事业。我们责无旁贷，必须做好我们这代人的传承与创造，让我们的努力和成果不仅凝聚成民族文化的记忆，还能成为后来人可以接续的事业。唯此，才能不负前贤，无愧来者。

商务印书馆编辑部

2017年10月

目　　录

第二版序

本书第一版已脱销一些时日，但仍有人求购。于是借出版商决定重印的机会，我就便作一些修正和改进，自当初写作此书以来，我也感受似乎要这么做。

作这种修订时，我并未感到有必要根本改变我的基本论点。公开的批评主要集中在本书第六章的一个论点之上，我在这一章否认比较个人之间的效用在科学上是正当的。对这一点或其他论点，我丝毫不想固执己见，但恐怕现在我仍未被完全说服。我坚持认为，汇总或比较不同个人的不同满足，涉及的是对价值的判断，而不是对事实的判断，我还认为，价值判断超出了实证科学的研究范围。批评者发表的意见并未使我相信这一论点是错误的。所以，我原封不动地阐述这一论点的那一节，只作了少许补充，意在说得更清楚明了。但愿批评我的人（其中有些人似乎认为我是好斗之徒）不要把这看作是对他们抱有敌意，藐视他们。我请他们相信，我绝非对自己的所有观点都确信不疑。但尽管一些批判者喜欢把这一命题和另一些众所周知的命题称为“罗宾斯经济学”，可它实际上并不是我一个人的观点。在我之前，就已有一些大权威提出了这个论点，使我坚信，至少在这一点上，我自己的见解并未把我引入歧途。

另一方面，许多批评者根据我在这方面的论证，推导出了一些我应第一个站出来加以驳斥的实践准则。有人认为，因为我力图把经济学与其他社会科学截然分开，力图把经济学与道德哲学截然分开，所以我就是在鼓吹经济学家不关心自己研究领域之外的所有事情或活动。有人认为——尽管积极活动在人们的心目中恐怕已很臭——我主张经济学家只应板着面孔，审慎地诊断所有可能的行动方针具有的含义，绝不应参与制定处理事务的方法。我的朋友林德利·弗雷泽先生在一篇题为“我们应如何要求经济学家”的文章中，甚至敦促我要更加富有社会同情心。既然如此多的人误解了我，我便不能不认为我没有把话说清楚。但对此我要予以辩解，我确确实实没有这样的意思，而且尽力强调了这一点。在第五章第 6 节的一个脚注中，我曾指出，“我所主张的是，表述方式要更为精确，思考范围不要过于狭窄”，接下来我指出，经济学家很可能像社会学家那样享有很大的优势。在第六章第 4 节，我进一步说：“所有这一切并不是说经济学家不应就伦理问题发表自己的看法，这如同主张植物学不是美学，并不等于说植物学家不应对花园的设计有自己的看法。相反，我们企盼经济学家对这些问题进行长期而广泛的思考，因为只有这样，在需要他们解决问题时，他们才能对各种**既定的**目的作出评价。”我能补充的仅仅是，我完全同意弗雷泽的看法，经济学家若仅仅是经济学家，在自己的研究领域碰巧不是天才（谁要是认为自己是天才，那才愚蠢呢），便是个可怜虫。我也同意，经济学本身并不能解决生活中的重要问题。我同意，由于这一原因，仅仅包含经济学的教育是很不完善的教育。这在大学被认为是一条教学原则，而我在大学已教书多年，我若没有进一步加以强调，那是因为我认为它是自明之理。我所主张的只不过是，必须把不同学科中与社会活动密切相关的不同种类的命题区别开来，以使我们能够在每一阶段确切地知道我们正在依据什么作决定。我相信，关于这一点，弗雷泽先生当然不会不同意我的看法。

我还要辩解的是，若以为我强调了许多所谓对经济现象的“计量”所依据的假设具有约定俗成的性质，我便“反对”作这种计量，那就完全误解了我的态度。在我看来，非常清醒地认识到以下一点是极端重要的，那就是，我们在计算诸如国民收入或国民资本这样的总量时所作的假设，并非得自科学的分析，这些假设实质上具有约定俗成的性质。但是，正如我在本书（第50、55页）中所主张的，这绝不是说一旦充分意识到了我们所采用的方法的本质，就反对作这种计算。相反，显而易见，这种计算以前作得还很不够，希望它今后能不断发展。不过，认识到这一点并不与下述观点相悖，即我们应该知道，在哪一阶段我们只是在记录事实，在哪一阶段我们是在用任意选定的尺度评价这些事实，因为人们经常把这两件事混淆在一起，我现在仍坚持认为，强调它们的不同，并非多此一举。

然而，本书有一部分我却感到必须加以修改。我一直对论述经济概括的性质那一章不甚满意。虽说我尚未感到我对这些问题的看法发生了根本变化，但我现在确实认为，当时由于我一心想尽可能生动地说明一些最新发明的意义，不由自主地在一些地方失之于简单与片面，逻辑学术语也使用得不贴切，在脱离上下文时容易使人产生误解。某些批评者指斥我的论述是“乏味的经院哲学”，另一些批评者则给我戴上了“行为主义”的帽子，这并未使我完全自慰，觉得已令人满意地阐明了在这两个极端之间应该采取的正确立场。因此，我重写了这章的大部分，并扩大了其范围，论及了一些较为复杂的问题，诸如纯粹理性行为假设的含义，前一版中未谈及这个问题是为了减轻论述的负担。这么一来，恐怕这一章就更难读了，也更招人非议了。然而，尽管我仍深深地感到这一章尚不完善，可同先前我只是隐含地讨论这些问题相比，我的良心却得到了更多的安慰。第五章的开头一节也重写了，并在第2节中增添了若干段落，进一步说明了我为什么认为应该把前一章讨论的定性规律同统计分析中的定量"规律"区别开来。我还在第4章和第五章中增加了几节，讨论静态理论与动态理论的关系以及建立经济发展理论的可能性，因为关于这些问题，似乎存在着一些不必要的混淆。希望我所作的这些修改能被我的朋友哈耶克教授、罗丹博士和斯托尼尔博士所接受，他们曾就这些棘手的问题给我以指教，发表过批评意见，使我获益匪浅。当然，若我的论述中潜藏有错误，他们不应负任何责任。

苏特教授从各方面攻击了我的这本著作，我真不知道该如何是好。我怀着好奇与尊敬的心情拜读了他的批评文章。正如前面已指出的，他称我采取的是所谓"实证主义"态度，对这种态度发表了种种看法，我对此实在不敢苟同。就这一点而言，他要打倒的并不是我，而是马克斯·韦伯，可我认为马克斯·韦伯依然屹立在那里。不过，我也真诚地同意他发表的许多看法，特别是同意应该超越初等静态理论的一些相当陈腐的法则。我与他的分歧只是认为，不必牺牲精确性，不必把静态理论的根本基础视为无用，也能做到这一点。我对现代数理物理学和天文学的成果知之不多，但我怀疑，他引证的那些杰出科学家是否会像他那样瞧不起数理经济学方法，尽管他们会深深感到数理经济学仍处于非常初级的阶段。在这方面，我完全同意奈特教授的观点。[①] 我还不能不感到，本书由于疏忽也许有一两处带棘的表述，激怒了苏特教授，不然他不会如此误解我的意思。对此我深表遗憾，但又不知该怎么办。在一两处，我力求把事情说得更清楚。但为了消除所有这些误解，势必要使本来已经写得过长的论文增加大量的辩解，恐怕这么一来就根本让人读不下去了。我并不想对谁傲慢无礼，而是希望有时间完成我现在计划写的几本著作，能做点什么使苏特教授相信，我说他误解了我，并非没有道理。

本书其余部分修改甚少。我删除了若干脚注，因其讨论的问题已没有多大意义，尽力去掉了一些与当前气氛不相容的激昂言辞。但除非另起炉灶重写，否则无法掩盖这样一个事实，即不论好坏，本书是过去写的，大部分是在出版前的数年中构思和草拟的，虽然我觉得或许值得重印，却不值得花时间重写。因此一切粗疏与生硬依旧，还请读者见谅。

莱昂内尔·罗宾斯

1935年5月于伦敦经济学院

① “新近讨论的经济科学”，载《美国经济评论》第24卷，第225—238页。

第一版序

本书的目的有两个。一是力求明确经济科学研究的内容和经济科学法则的性质。二是试图说明这些法则作为解释现实的指南和政治实践的基础所具有的局限性和意义。经济理论在过去60年取得了很大发展，因而一旦说清楚这些问题，就不会再有严重的意见分歧。可是，由于没有人做这项工作，混淆在许多方面仍未绝迹，关于经济学家首先应该做的事情和其能力的性质与范围，也流行着许多错误看法。结果，经济学的声誉受到了损害，经济学提供的知识未得到充分利用。本书试图弥补这一不足——试图说明经济学家讨论的究竟是什么，能合理地指望从他们的讨论中得到什么。因此，一方面可视本书为对纯理论的方法和假设所作的评述，另一方面可视本书为应用经济学研究的一系列绪论。

本书考察的对象决定了必须视野开阔。但我却自始至终尽量贴近实际。我避免作哲学上的精雕细琢，因为这超出了我的专业范围。我依据现代最优秀的经济学著作提出我的命题。在这样一本由一个经济学家为其经济学同行写的著作中，要论证得透彻，似乎最好是经常借助于解决特殊问题的公认方法加以说明，而不是凭空捏造出一种理论来说明经济学应该是什么样子。与此同时，我力求简洁。我的目的是提出一种观点，而不是详尽无遗地阐述这一主题的各个方面。为做到这一点，似乎应力求简明，即使以牺牲我当初收集到的许多材料也在所不惜。不过，我希望日后出版一本论述一般经济理论的著作，进一步说明和引申这里提出的各项原理。

本书提出的观点，我并不认为有什么独创性。我只希望在若干地方成功地突出强调了前人未说明的某些原理。但概而言之，我的目的是尽可能简要地说明一些观点，这些观点是大多数现代经济学家的共同财产。在经济学院与同事们和学生们的交谈，使我受益良多。其余要感谢的人，大都已在脚注中提及。不过，我要再一次特别感谢路德维希·冯·米塞斯教授的著作和已故的菲利普·威克斯蒂德所著的《政治经济学常识》一书。我从这些著作中作了大量引证，但这仍远远不足以反映出我从他们那里得到的启迪。

莱昂内尔·罗宾斯

1932年2月于伦敦经济学院

第一章　经济学研究的内容

1. 引言[①]

本书的目的是说明经济科学的性质与意义，因而首要的任务是界定经济学研究的内容，也就是给经济学下一工作定义。

不幸的是，这绝非像听起来那么简单。过去的 150 年中，经济学家辛勤努力，确立了一整套法则，只有无知的人或怪僻的人才怀疑其基本的正确性和重要性。但是，关于这些法则的共同内容究竟具有什么性质，却一直未取得一致意见。在权威性的经济学著作中，主要章节都不过是大同小异地转述这门学科的基本原理。但说明经济学研究对象的章节，却至今仍表现出巨大分歧。大家都谈论相同的事情，却对正在谈论的是什么意见不一。[②]

① 原正文小节无标题，为方便读者阅读，加上了标题。——译者

② 为避免将这看作是言过其实，下面引述几条颇具特色的定义。我把挑选的范围限于英语文献，因为正如下面将说明的，其他地方的情况要比英美两国好一些。马歇尔在其《经济学原理》第 1 页上说："经济学是一门研究人类一般生活事务的学问；它研究个人和社会活动中与获取和使用物质福利必需品最密切相关的那一部分。"达文波特在其《企业经济学》第 25 页上说："经济学是从价格的观点研究各种现象的科学。"坎南在其《初级政治经济学》第 1 页上说："政治经济学的目的是解释人类物质福利赖以存在的一般原因。"贝弗里奇在"经济学作为一项文科教育"（载《经济学》杂志，第 1 卷，第 3 页）一文中说："把经济学说成是研究人类物质福利的科学，这样定义太宽泛，"经济学"研究的是人们如何相互合作来满足其物质需要"。在庇古教授看来，经济学研究的是经济福利，经济福利被定义为"能与货币这一衡量尺度直接或间接发生关系的那部分福利"（《福利经济学》第 3 版，第 1 页）。我在后面将说明，这些定义的含义彼此大相径庭。

这丝毫不出乎人们的预料，也不是不光彩的事。正如穆勒100年前指出的，一门科学的定义总是产生于这门科学创立之后，而不是之前。“正像修建城墙那样，通常不是把它当作一个容器，用来容纳以后可能建造的大厦，而是用它把已经盖好的全部建筑物围起来。”①的确，正是一门学科的性质，决定了这门学科只有在达到一定发展阶段时，才有可能界定其范围。因为，一门学科的统一性，仅仅表现在该门学科所能解决的问题的统一性上，而且只有在各项解释原则的相互关系确立起来以后，才能发现这种统一性。② 近代经济学产生于各种各样独立的实用研究领域与哲学研究领域，产生于对贸易差额的考察，产生于对收取利息合法性的讨论。③ 直到最近，这些不同研究领域所要探讨的问题才获得了充分的统一。在这之前，试图发现这门学科最终性质的努力，注定要失败，作这样的尝试只会白白浪费时间。

然而，一旦达到了这种统一的阶段，试图划定明确的界线就不再是浪费时间了，反而不这样做倒会浪费时间。只有明确了目标，才能作进一步的详尽阐述。所要探讨的问题不再由天真的思考来提示，而是由理论统一中的缺口和解释性原理中的不足来提示。除非一个人把握了这种统一性，否则他很容易误入歧途。毫无疑

---

① 《政治经济学中若干尚未解决的问题》，第120页。

② 德文原文是："Nicht die ‘sachlichen’ Zusammenhänge der ‘Dinge’ sondern die gedanklichen Zusammenhänge der Probleme liegen den Arbeitsgebieten der Wissenschaften zugrunde."（马克斯·韦伯："社会学与社会政策的认识的客观性"，见《科学学论文集》，第166页）。

③ 参见坎南：《经济理论评论》，第1—35页，以及熊彼特：《学说与方法论史的诸阶段》，第21—38页。

问，近代经济学家面临的最大危险之一，就是把心思用在与经济学无关的事情上，有许许多多活动对于解决与经济学密切相关的问题几乎没有或根本没有关系。[①] 同样无可怀疑的是，在这种问题正在获得最终解决的中心，重要理论问题解决得最为迅速。此外，若想富有成效地利用所得到的答案，若想正确理解经济科学对实践的作用，我们还必须确切了解这门学科确立的各项法则的含义和局限性。所以，我们可以心安理得地首先探讨这样一个乍看起来极端学究气的问题，即如何找到一个公式来描述经济学的一般研究内容。

2. 经济学的“唯物主义”定义

经济学研究的是物质福利的原因，这一定义至少在英美两国拥有最多的信徒。物质这一字眼在坎南[②]和马歇尔[③]的定义中都能见到，甚至帕累托也同意使用这个词，尽管他的分析方法[④]在许多方面与那两位英国经济学家有很大不同。克拉克的定义中也含有物质这个意思。[⑤]

必须承认，初看起来，这一定义似乎确实描述出了我们感兴趣

① 关于这一点的进一步阐述，请参看第 2 章第 5 节。

② 《财富》，第 1 版，第 17 页。

③ 《经济学原理》，第 8 版，第 1 页。

④ 《政治经济学教程》，第 6 页。

⑤ 《经济理论要义》，第 5 页。并参看《财富的哲学》，第 1 章。在这一章中，克拉克清楚地认识到了我们在下面将讨论的难点，令人惊奇的是，他没有因此而抛弃这个定义，而只是叫人不可思议地试图改变“物质”一词的意义。

的对象。在日常语言中，“经济”这个词的一个含义，无疑等于“物质”一词。只要想一下“经济史”或“经济利益与政治利益之间的冲突”等词语对普通人的含义，也就可以明白我们的上述解释是非常有道理的。[①] 无疑，有些似乎属于经济学范围之内的问题，不包括在这一定义之内，但初看起来，似乎每一定义都不可避免地碰到这样一些问题。

然而，检验这种定义正确与否的最后标准，不是看它表面上是否与日常语言的某些用法相一致，而是看它是否能正确描述这门学科各项主要法则的最终内容。[②] 我们用这一标准检验上述定义，会发现其缺陷并非无足轻重，而简直可以说，该定义完全未能展示所有最重要法则的范围或意义。

让我们随便挑选理论经济学的一个重要分支，看一看上述定义究竟在多大程度上涵盖了该分支。譬如，我们大家都会同意，工资理论是任何一个经济分析体系不可分割的组成部分。那么，我们是否同意，工资理论探究的现象可恰当地称为人类福利的物质方面。

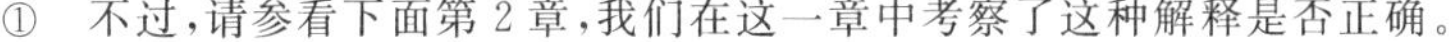

① 不过，请参看下面第2章，我们在这一章中考察了这种解释是否正确。

② 这里，消除讨论名词术语时经常出现的一种混淆，可能是值得的。常有人主张，无论是一般使用的词语，还是科学分析中使用的词语，在给它们下科学定义时，都不应脱离日常语言的用法。这无疑是个极好的主意，而且在原则上其主旨也是可以接受的。一个词在商业活动中采用一种含义，在分析商业活动时又采用另一种含义，这肯定会造成极大的混乱。人们只要想一想资本一词的各种不同含义，就会明白由此带来了多少困难。但是，遵循日常用法使用一个词是一回事，认为给一门学科下定义时日常语言是最终判定标准，又是另一回事。因为，在后一种情形下，词语的意义正是该门学科各项法则的内容。而只有参照这些法则，最后才能建立定义。任何其他建立定义的方法都是不可接受的。

从严格意义上说，工资指的是在雇主的监督下按事先规定的工资率从事工作所赚得的金额。从一般经济分析中经常采用的较为宽泛的意义上说，工资指的是有别于利润的劳动所得。无疑，有些工资是这样一种工作的价格，这种工作可以说有助于增进物质福利，比如淘粪工的工资。但同样不容置疑的是，有些工资，比如管弦乐队成员的工资，则是付给与物质福利毫不沾边的工作的。这种服务与另一种服务一样，可索取价格，进入交换领域。工资理论既适用于解释后者，也适用于解释前者。它并不是只能解释增进人类“物质”福利的工作的工资。

即使不讨论支付工资的工作，而讨论用工资购买的东西，情况也不会改变。有人会说，工资理论被包容在上述定义中，不是因为工资挣取者所生产的东西有助于增进他人的物质福利，而是因为他获得的东西有助于增进他自己的物质福利。但一眼就可以看出，这种说法是站不住脚的。工资挣取者可以用其收入购买面包，但也可以购买戏票。一种工资理论若忽略为“非物质”劳务支付的全部金额，或者忽略花在“非物质”方面的全部金额，那是令人不能容忍的。若是这样，交换领域就会被无可挽回地割裂为两部分，永远无法再进行一般分析。一个领域若被这样任意划界，也就无法想象有关该领域的法则还有什么意义。

凡认真严肃的经济学家，都不会试图这样来为工资理论划界，尽管他们可能曾试图这样来为包括工资理论在内的全部经济学法则划界。但确实有人试图否认能对物质福利以外的人类事物进行经济分析。坎南教授这样著名的经济学家就认为，战争政治经济学这个词是“自相矛盾的”，[①]其理由显然是，既然经济学研究的是物质福利的原因，既然战争不是物质福利的原因，所以战争也就不会是经济学研究的内容。坎南教授的非难作为对抽象的知识应该用于哪些方面所作的道德判断，是可以接受的。但显而易见，正如坎南教授的实践所表明的，经济学非但并非不能对战争的成功进行作出解释，反而战争的组织者能否不借助于经济学而进行战争，倒是很令人怀疑的。叫人感到奇怪和自相矛盾的是，坎南的上述主张竟然出现在他的这样一本著作中，这本著作要比用英语出版的任何其他著作，更多地运用了经济分析的工具，来说明一个社会在组织战争时遇到的许多最为紧迫、最为复杂的问题。

如上所述，现代英国经济学家习惯于把经济学说成是研究物质福利的学问，只要想到他们一致给“生产性”下了非物质的定义，就对他们的这种习惯感到更奇怪了。大家记得，亚当·斯密曾根据付出的努力是否生产出了有形的物质对象，来区分生产性劳动和非生产性劳动。他说：“有些社会上等阶级人士的劳动，和家仆的劳动一样，不生产价值，不固定或实现在耐久物品或可卖商品上……例如，君主以及他的官吏和海、陆军，都是非生产性劳动者……在这一类中，当然包含着各种职业，有些是很尊贵很重要的，有些却可以说是最卑贱的。前者如牧师、律师、医生和一切文人；后者如演员、丑角、乐师、歌剧演唱者、歌剧舞蹈者等等……”[②]

① 坎南：《一个经济学家的抗议》，第 49 页。

② 《国富论》(坎南版)，第 315 页。

现代经济学家，尤其是坎南教授[①]认为对生产性采取这种看法是不适当的。[②] 只要歌剧演唱者和舞蹈者的劳动是需求对象（不论是个人还是集体需求的对象），就应把这种劳动视为“生产性的”。但生产出来的是什么呢？是物质福利吗？因为他们的劳动可以使工商业者心情愉快，焕发出新的精力来组织物质生产。若这样认为，就表现出浅薄和爱玩弄文字游戏。其实，他们的劳动之所以是生产性的，是因为它得到了估价，因为它对于各“经济主体”具有特殊重要性。现代理论已与亚当·斯密和重农主义者的观点有天壤之别，甚至拒绝把生产性劳动这一标签赋予生产物质对象的活动，如果这种物质对象没有价值的话。而且现代理论比这走得还要远。尤其是费雪教授明确指出，得自于物质对象的收入，最终肯定表现为“非物质的”用途。从我的住宅，以及从我的仆人或歌剧演唱者的演唱那里，我都得到了一种“一生产出来就立刻消失的”收入。[③]

但如果是这样，继续把经济学说成是研究物质福利原因的学问，不就会把人引入歧途吗？既然歌剧舞蹈者的劳务是财富，经济学就不仅要研究厨师劳务的定价问题，而且还要研究歌剧舞蹈者劳务的定价问题。不管经济学研究的是什么，反正研究的不是物质福利本身的原因。

① 《生产与分配理论》，第 18—31 页；《经济理论评论》，第 49—51 页。

② 甚至可以说，反应太过分了。斯密的这种分类方法尽管有许多缺点，但对资本理论来说却是有意义的，近代人们一直未清楚地认识到这一点。参看陶西格，《工资与资本》，第 132—151 页。

③ 《资本与收入的性质》，第 7 章。

该定义能够保存下来，主要是历史原因造成的，是重农主义影响的最后残迹。英国经济学家通常对范围和方法问题不感兴趣。出现这一定义的著作，十之八九很可能是从以前的著作中完全盲目地抄来的。但就坎南教授而言，保留这一定义则并非没有经过认真的思考；因而追溯一下他的推理过程，看一看这个定义是如何被像他这样深刻而敏锐的学者接受的，是有教育意义的。

一个定义得以存在的根本原因，通常要从对该定义的实际运用中寻找。坎南是在讨论“孤立的人与社会获得财富的基本条件”[①]时提出他的定义的，正是在这种讨论中，他实际说明了什么是经济的，什么不是经济的。可以说，如果根据这种观点从事经济分析，那么“唯物主义的”定义（让我们暂且这么称呼）也就肯定表面上最讲得通。这一点值得详加说明。

坎南教授首先考察的是一个完全与社会相脱离的人的活动，想要弄清哪些条件决定着此人的财富，亦即他的物质福利。在这种情况下，把各种活动区分为“经济”活动和“非经济”活动，也就是区分为旨在增加物质福利的活动和旨在增加非物质福利的活动，是有一定道理的。如果鲁宾孙刨挖土豆，那他是在追求物质福利也即“经济”福利。如果他与鹦鹉交谈，那他的活动就是“非经济”性的。这里有一难点，我们以后再谈，但乍看起来很显然，在上述情况下，作这种区分并不荒谬。

但假设鲁宾孙获救了，返回家乡，登上舞台与鹦鹉交谈，以此

① 这是《财富》（第 1 版）第 2 章的标题。

作为谋生手段。毫无疑问，在这种情况下，这种交谈就具有了经济性。不管鲁宾孙把收入花在土豆上还是花在哲学上，他的收入与支出都可以用基本的经济范畴来表示。

坎南教授没有停下来想一想，他的区分是否对分析交换经济很有用处——尽管正是在交换经济中，经济法则的实际效用最大。相反，他接下来便讨论整个社会“获得财富的基本条件”，不管这个社会是否建立在私有财产和自由交换的基础之上。而在此处，他的定义似乎又是有道理的，全部社会活动可再次分为两类。有些活动是追求物质福利的，有些活动不是追求物质福利的。譬如，我们可以想象，共产主义社会的执政者决定花费若干工时提供面包，花费若干工时提供杂技表演。

但甚至在此处以及在前面鲁宾孙经济的情形下，坎南教授的处理方式也会受到猛烈攻击，并足以摧毁它。让我们暂且承认坎南教授使用的“经济的”和“非经济的”这两个词，其含义分别等于有助于增进物质福利和有助于增进非物质福利。于是，我们就可以同他一起说，用于物质目的的时间愈多，用于非物质目的的时间就愈少，社会财富也就愈多。我们可以这样说。但我们也必须承认，若在完全正常的意义上使用“经济的”一词，则还有另外一个经济问题需要社会和个人加以解决，那就是在这两种活动之间作出选择，即：在产品和闲暇的相对价值为已知和生产机会为已知的条件，如何在这两种活动之间分配每天 24 小时的固定供给。也就是说，仍有一个在“经济”活动与“非经济”活动之间作抉择的经济问题。生产理论中的一个主要问题，竟然有一半处于坎南教授所下定义的范围之外。

这不正好就是抛弃这一定义的充足理由吗？[①]

3. 经济学的"稀缺"定义

那么，我们应转向何处呢？我们并没有处于绝望的境地。上面对"唯物主义的"定义所作的批判性考察，把我们带至了一点，由此可立即下一免受所有那些责难的定义。

让我们回过头来再看一下那一定义所不适用的最简单情形，即孤立的人把其时间划分成两部分，一部分用于生产实际收入，一部分用于享受闲暇。我们已知道，这种划分确实有其经济的一面。为什么说它有经济的一面呢？

我们表述一下必须作这种划分的严格条件，就可得到这一问题的答案。条件有四个。第一，孤立的人既需要实际收入也需要闲暇。第二，他既没有足够的实际收入也没有足够的闲暇来充分满足他对这两者的需要。第三，他可以花费时间增加实际收入，也可以花费时间享受更多的闲暇。第四，可以想象，除了在极其特殊的情况下，他一般需要不同的实际收入和不同的闲暇。所以他必须作出选择，必须节约。他对时间和资源的配置与其需要有关，有经济的一面。

① 关于这个定义，我们还可以提出其他异议。从哲学观点看，"物质福利"一词是个很古怪的构造物。或许可以承认有"福利的物质原因"。但"物质福利"一词却似乎意味着把本质上单一的精神划分为若干种不同的状态。不过，就本章的目的而言，似乎最好还是忽略这种缺陷，而把注意力集中在主要问题上，即该定义能否描述其所要表达的内容。

这个例子典型地说明了整个经济研究领域的情况。从经济学家的观点看，人类生存的条件有四个基本特征。目的是多种多样的。达到这些目的的时间与手段是有限的，且能运用于不同的目的。与此同时，各种目的具有不同的重要性。在这方面，我们是有感觉的动物，具有许许多多的欲望与渴求，连同各种各样与生俱来的意向，这一切驱使我们以不同的方式行事。但能够表达这些意向的时间却是有限的。外部世界也未提供充分的机会来完全实现它。生命是短暂的。大自然是吝啬的。我们的同类也另有目标。我们可以利用自己的一生做不同的事情，可以利用自己拥有的物质条件和他人提供的服务达到不同目标。

多样性的目的本身并不一定会引起经济学家的兴趣。如果我想做两件事情，而且有充足的时间与充足的手段做它们，不需要时间或手段做其他事情，那么，我的行为方式就不是经济学研究的对象。涅槃不一定是唯一的极乐世界，而仅仅是完全满足了所有需要。

单单是有限的手段本身也不足以产生经济现象。如果满足的手段不能用于不同方面，那么，它们即使是稀缺的，也不能被节约。上帝赐的食物或许是稀少的，但如果不能用它交换其他东西，不能延期使用它，[①]它就不是经济研究的对象。

稀缺手段的选择使用，也不是我们正在分析的那种现象存在

① 强调一下这一限制条件的意义，或许是值得的。在不同的时间，运用技术上相同的手段达到性质上相同的目的，也是对手段的选择使用。若不清楚地认识到这一点，便忽视了一种最为重要的经济行为。

的充分条件。如果经济主体想达到两个目的，只有一种手段，而这两个目的又同等重要，那他的处境就如同寓言中的那头驴，面对两捆同样令其垂涎的稻草，犹豫不定，迈不开腿。[①]

但当时间和达到目的的手段有限并能选择使用，而且目的能按重要程度加以区别时，行为就必然表现为选择的形式。运用时间和稀缺手段来达到一种目的，便意味着不用它们达到另一种目的，这是有经济意义的。[②] 如果我既需要面包也需要睡眠，而在我能支配的时间里，我不能完全满足对这两者的需求，那么，我对面包和睡眠的需求就肯定有一部分得不到满足。如果我在有限的一生中既想成为哲学家又想成为数学家，但学习哲学和数学很费力，不能指望完全掌握这两方面的知识，那就必须在某种程度上放弃成为哲学家的愿望或放弃成为数学家的愿望，或两者都有所放弃。

并非所有达到人类目的的手段都是有限的。在外部世界，有些东西较为充裕，使用若干单位一种东西，不必放弃若干单位的另一种东西。譬如，我们呼吸的空气就是这种“免费”物品。除了极很特殊的情况下，呼吸空气不要求牺牲时间或资源。失掉一立方英尺的空气，不意味着牺牲其他东西。对于人类行为而言，空气并无特殊意义。而且可以想象，有些生物的“目的”也

---

① 这似乎是不必要的精雕细琢，正由于这一原因，我在本书第一版中删除了这段话。但在价值理论中，具有各种不同的目的，却是一极其重要的条件，因而最好还是在此处明确指出这一点。参看第 4 章，第 2 节。

② 参看舍恩费尔德：《边际效用与经济计算》，第 1 页；汉斯·迈尔：“经济价值计算的效用研究”（载《国民经济学与社会政策杂志》，第 2 卷，第 123 页）。

很显然，稀缺的并不是“时间”本身，而是把我们自己视为工具的潜在可能性。谈论时间的稀缺性，只不过是以比喻的方式求助于这一相当抽象的概念。

许是极其有限的，以致所有物品对它们而言都是“免费”物品，都没有特殊意义。

但一般说来，人类的活动却具有多种多样的目的，不能摆脱时间或特定资源的约束。我们可以支配的时间是有限的，一天只有24小时，必须就如何使用时间作出选择。我们可以支配的他人的服务是有限的。达到目的的物质手段是有限的。我们已被逐出了天国乐园。我们既不能长生不老，也没有无限多的手段来满足欲望。无论在哪里，我们选取一样东西，就必须放弃其他东西，而在天国乐园中却无需这样。缺少达到不同目的的手段，几乎是制约人类行为的一个普遍条件。①

正是在这里，经济科学的研究内容获得了统一，经济科学研究的是人类行为在配置稀缺手段时所表现的形式。上面讨论的各个例子完全与这一概念相吻合。厨师的服务和歌剧舞蹈者的服务相对于需求而言是有限的，而且可加以选择使用。我们的这一定义涵盖了整个工资理论，也涵盖了有关战争的政治经济学。进行战争并想打赢战争的话，就得把稀缺商品和服务从其他方面抽出来，这也就具有了经济意义。经济学家研究如何配置稀缺手段，对不同商品的不同稀缺程度如何使不同商品之间的估价比率发生变化感兴趣，对稀缺条件的变化（不论是目的的变化造成的，还是手段的变化造成的，也不论是需求造成的，还是供给造成的）如何影响

① 应该明白，这里所说的目的（即特定消费行为的目的）与说人类活动只有一个目的（即满足、“效用”等的最大化）并不矛盾。达到我们所谓的“各种目的”，也就趋于达到这一最终目的。如果缺少手段，便无法达到全部目的，因而根据手段的匮乏程度和目的的相对重要性，必须放弃若干目的。

这种比率感兴趣。经济学是把人类行为当作目的与具有各种不同用途的稀缺手段之间的一种关系来研究的科学。[①]

4. 经济学与交换经济

应立即认识到这一定义的某些含义。我们拒绝接受的那一定义认为经济学研究的是物质福利的原因，可称之为分类性定义。它把某些种类的人类行为，即旨在获取物质福利的行为划分出来，称其为经济学研究的内容。其他各种行为便都处于经济研究的范围之外。我们所采用的定义则可称为分析性定义。它并不试图挑选出某些种类的行为，而把注意力集中于人类行为的一特定方面，即稀缺性迫使人类采取的行为方式。[②] 所以，无论何种人类行为，只要涉及这个方面，就属于经济学的研究范围。我们不说生产马铃薯是经济活动，生产哲学不是经济活动，而说任何一种活动只要涉及放弃其他想要的东西，便有其经济的一面。除了这一点，经济科学的研究内容是不受限制的。

不过，有些作家虽说也反对把经济学定义为研究物质福利的

① 参看门格尔：《国民经济学原理》，第 1 版，第 51—70 页；米塞斯：《公共经济》，第 98 页及随后各页；费特，《经济学原理》，第 1 章；施特里格尔，《经济范畴与经济组织》，书中各处；迈尔，前引书。

② 关于分析性定义与分类性定义的区别，参看欧文·费雪："资本的含义"（载《经济学杂志》，第 7 卷，第 213 页）。有意思的是，不仅像我们的定义所暗示的那样，对经济学的看法发生了变化，而且像费雪教授的定义所暗示的那样，对资本的看法也发生了变化。按照亚当·斯密所下的定义，资本是一种物质财富。费雪教授则把资本视为财富的一个方面。

科学，但却试图把另一种限制强加在经济学的研究范围之上。他们坚持认为，经济学研究的行为，从本质上说是某种社会行为，是个人主义交换经济制度蕴含的行为。根据这种观点，任何一种行为，若在这一特定含义上不是社会行为，便不是经济学的研究内容。尤其是阿蒙教授费尽心思详尽阐述了这一观点。[①]

不容否认，在我们的定义所涉及的广阔领域之内，经济学家的注意力主要集中在错综复杂的交换经济上。之所以如此的原因饶有趣味。孤立个人的活动与交换经济的活动一样，要受我们考察的那些条件的限制。但从独立个人的观点来看，经济分析是不必要的，无需分析和思考经济问题。考察鲁宾孙的行为非常有助于作更深入的研究。但从鲁宾孙的观点来看，这样的考察显然是超越边际的。就“封闭的”共产主义社会而言，情况也是如此。从经济学家的观点来看，对照比较共产主义社会和交换经济极富启发意义。但从共产主义社会行政官员的观点来看，经济学原理是毫无意义的。他们的处境与鲁宾孙相似。对他们而言，经济问题仅仅是把生产能力运用于这方面或那方面的问题。正如米塞斯教授强调指出的，在国家占有和控制生产手段的情况下，根据定义，个人也就无法通过价格和成本机制来表达其好恶。因此，行政官员的决定必然是“任意的”。[②] 也就是说，他们的决定依据的必然是自己的

① 参看他的《理论国民经济学的目的与基本概念》，第 2 版。从他的观点看，第 110—125 页和第 155—156 页上对熊彼特和施特里格尔的批评特别重要。我要对阿蒙教授所作的详尽无遗的分析表示深深的敬意，但我却感到，他有意夸大了与这两位作家的分歧。

② 参看米塞斯：《公共经济》，第 94—138 页。博里斯·布鲁茨克斯在其“苏维埃俄国的经济计划”一文中，很好地说明了这一点是如何表现在俄国试验的各个方面的。

估价，而不是消费者和生产者的估价。这立即简化了选择的形式。没有价格制度的指导，只能依靠最高统治者的估价来组织生产，正如与货币经济不沾边的家族产业要靠族长的估价来组织那样。

但在交换经济中，情况则要复杂得多。个人决定的影响所及，并非仅限于作决定的个人。一个人决定这样花钱而不是那样花钱，或许完全了解这一决定对自己意味着什么，但要弄清这一决定对整个错综复杂的“稀缺关系”产生的影响（即对工资、利润、物价、资本收益率和生产组织的影响），就不那么容易了。必须作出极大努力，进行抽象思维，对事物加以概括，才能把握它们。因此，经济分析在交换经济中用处最大。在独立的经济中没有什么用处。在严格的共产主义社会中，只要有最简单的经济原则就够了。但在个人享有独立性和主动性的社会中，经济分析则有其应有的地位。

然而，认为经济分析在交换经济中最有意义、最有用处，是一回事，认为只能对交换经济中的现象进行经济分析，则是另一回事。后一种观点是站不住脚的，对此以下两点可以提供确凿的证明。首先，显然，交换经济之外的行为与交换经济之内的行为一样，也受手段与目的的关系的制约，并可以划归相同的基本范畴。[①] 价值理论中的法则，不仅适用于交换经济中的个人行为，而且也适用于孤立个人的行为或共产主义社会行政当局的行为，尽管在后两种情况下这些法则的启发意义不是那么大。交换关系乃是一技术细节，而且实际上是产生了几乎所有令人感兴趣的复杂关系的技术细节，但尽管如此，仍从属于稀缺性这一主要事实。

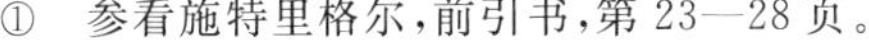

① 参看施特里格尔，前引书，第23—28页。

其次，很显然，交换经济中的现象只有透过交换关系并借助于选择规律才能加以解释，而选择规律只有通过考察孤立个人的行为才看得最清楚。[①] 阿蒙教授似乎乐于承认，纯粹经济学作为经济科学的辅助物是有用的，但他却不愿把它视为经济科学的基础，反而认为应该用李嘉图讨论的那些问题来界定经济学的研究内容。主张定义必须描述现有知识的总体，而不应任意划定界限，这是值得称道的。但我们有理由问，为什么要在李嘉图面前止步？李嘉图体系的不完善之处，正是由于它止步于市场的估价，而没有推进至个人的估价，这一点难道还不清楚吗？最近的价值理论克服了这一障碍，这不正是一项伟大成就吗？[②]

5."唯物主义"定义与"稀缺"定义之比较

最后，让我们再来看一下我们拒绝接受的那个定义，把它同我们采用的定义作一番比较。

---

① 卡塞尔教授抛弃了鲁宾孙经济学(《基本经济思想》，第 27 页)，令人感到很遗憾，因为只有通过考察孤立个人的情况，才会显现出上面所强调的那一点的重要性，即：要想有经济活动，稀缺手段就必须具有不同的用途。在任何一种社会经济中，单单是众多的经济主体，就会使人忽视有可能存在着没有不同用途的稀缺商品。

② 上面针对阿曼教授的定义发表的反对意见，也充分说明了我们为什么反对采用达文波特的着眼于价格现象的定义、庇古的着眼于"货币衡量尺度"的定义、兰德里的着眼于"交换科学"的定义。熊彼特教授在其"理论国民经济学的本质与主要内容"一文中，以令人难忘的巧妙手法为最后一种定义作了辩护。他论证说，凡与经济科学密切相关的行为的基本方面，都可以认为具有交换的形式。我们乐于承认，这是正确的并且对于正确理解均衡理论来说是极其重要的。但是，把交换概念发展成为一种理论，是一回事。把它当作一种标准(即定义)，则是另一回事。毫无疑问，交换概念可以当标准使用。但是，它是否最有助于说明经济学的最终性质，却肯定是有疑问的。

人们首先会低估这两个定义的差异。根据一个定义，经济学是把人类行为当作目的与手段之间的关系来研究的科学，另一个定义则认为经济学研究的是物质福利的原因。一个侧重于手段的稀缺，一个侧重于物质福利的原因，这难道不是一回事吗？

这种观点产生于一种误解。固然，物质的稀缺性是对行为的一种限制。但我们自己的时间的稀缺性以及他人服务的稀缺性也同样重要。教师和淘粪工服务的稀缺性都各自有其经济的一面。只有说服务是物质的振动，才能扩展此定义，使其涵盖整个经济领域。但这样说不仅很别扭，而且把人引入歧途。这样的定义也许涵盖了经济领域，可却没有描述经济领域。因为，能够满足人类需要的物质手段之能成为经济货物，并不在于它们的物质性，而在于它们与估价的关系。具有重要意义的是它们与给定需要的关系，而不是它们的技术实质。所以，“唯物主义的”经济学定义曲解了我们所了解的经济学。虽然就经济学的研究范围而言，它也许不一定会使人产生误解，但它却肯定未能充分表达出经济学的性质。似乎没有正当的理由反对抛弃这一定义。

与此同时，应该认识到，我们抛弃的仅仅是一个定义，并没有抛弃它要描述的全部经济学知识。那些采用这个定义的人的实践，完全不违背我们所提出的另一个定义。譬如，在坎南教授的整个体系中，没有哪条重要法则与我们的定义相矛盾，我们的定义视经济学为研究稀缺手段配置的科学。

而且，坎南教授为说明他的定义而挑选的那个例子，也更加适用于我们的定义。他说：“经济学家会同意，莎士比亚的剧本是否为培根所写，不是一个经济问题，也会同意，主张此说的人得到普遍承认时所获得的满足，不是经济上的满足。……另一方面，经济学家会同意，如果版权是永久性的，培根和莎士比亚的后裔在争夺这些剧本的所有权，则这场争论便具有了经济意义。”[①]说得不错。但原因是什么呢？是因为版权涉及物质福利吗？可版权带来的收入也可以全部捐赠给宗教团体。实际上这个问题之所以具有经济意义，仅仅是因为所假设的版权法会使这些剧本的使用权相对于需求而言是稀缺的，从而会使拥有这些剧本的人获得满足欲望的稀缺手段，而如果情况不是这样，他们就得不到这种稀缺手段。

① 《财富》(第1版)，第1章。

第二章　目的与手段

1. 引言

上面我们给经济学的研究内容下了一工作定义。接下来将要考察这个定义的含义。本章将讨论目的与手段在经济理论和经济史中的地位。下一章将对各种经济“数量”作出解释。

2. 经济学与目的

首先让我们来看一下目的占有的地位。①

上面已说过，经济学研究的是用稀缺手段达到既定目的所引发的行为。因此，经济学对于各种目的而言完全是中立的；只要达到某一目的需要借助于稀缺手段，这种行为便是经济学家关注的对象。经济学并不讨论目的本身。它假设人们在下述意义上是有目的的，即人们拥有一些可以界定并可以理解的行为倾向。经济学要回答的问题是：人们达到其目标的过程如何受制于手段的稀

① 以下几节阐述经济学作为实证科学具有的意义。关于经济学是否应获取规范地位的问题，参看下面第6章第4节。

缺——稀缺手段的配置如何依赖于最终的估价。

所以，应该明白，把某一目的本身说成是“经济的”，会把人完全引入歧途。某些经济学家经常讨论“经济满足”，这与经济分析的主旨是格格不入的。应把满足看作是活动的最终结果。满足本身并不是我们所研究那种活动的一部分。不过，若主张无法想象“经济满足”，那又太过分了。因为，或许我们能够把依赖于稀缺手段的满足称为经济满足，这种满足不同于完全依赖主观因素的满足——例如，度暑假得到的满足，就不同于回忆暑假得到的满足。但是，正如我们已指出的，手段的稀缺含义非常广，几乎一切行为都在某种程度上受其影响，因而经济满足似乎不是个有用的概念。由于这一概念显然与我们定义的主要内容不一致，所以也许最好完全避免使用这个概念。

另外，某些批评经济学的人认为，经济学家关注的是一种特别低级的行为，这完全是一种误解。经济学家不关注目的本身，而关注达到目的的行为是如何受到限制的。目的可能是高尚的，也可能是卑鄙的，可能是物质性的，也可能是非物质性的——假如目的能够这样描述的话。但如果达到一组目的要牺牲其他目的，那就具有了经济意义。

只要认真想一想经济分析的实际应用范围，而不听信不知经济分析为何物的人胡说八道，就会明白所有这一切。譬如，假设有这样一个骄奢淫逸的社会，其成员都耽于声色犬马，只关心“纯物质”利益。显然，经济分析能够提供各种概念来描述这些目的与可用来达到这些目的的手段之间的关系，但并不像诸如罗斯金和卡莱尔那样的批评家所断言的，经济分析只能做这种事情。让我们假设一位宗教改革家访问了这个社会之后，人们开始厌恶以前的目的，不再沉溺于感官享乐。享乐主义者变成了禁欲主义者。毫无疑问，经济分析仍然是适用的。没有必要改变各种解释范畴。只是需求表发生了变化。有些东西不那么稀缺了，另一些东西则更稀缺了，葡萄园的地租下降了，建教堂所需的采石场的地租则提高了，仅此而已。把时间分配于祈祷和行善之间，同把时间分配于狂饮和打盹之间一样具有经济意义。卡莱尔轻蔑地称经济学为“猪猡哲学”，但这种哲学却是无所不包的。

公平地说，我们必须承认，经济学家处于这种不幸的境地，只能怪他们自己。我们已说过，经济学家的实践是无可非难的。但他们给经济学下的定义却容易使人产生误解，面对批评所作的辩解，也叫人感到有此地无银三百两的味道。据说，一些很现代派的经济学家既深信经济学非常重要，又深信经济学研究的是“人类福利中物质色彩较浓的那一面”，因而不得不在讲授一般经济理论时，先面带几分羞涩地为自己打圆场，说什么哪怕是艺术家和圣人先哲也得靠面包和黄油维持生活。这种辩解本身似乎是多余的，且易于使那些瞧不起物质生活的人产生误解。不过，如果卡莱尔和罗斯金肯动脑筋消化理解他们大肆挞伐的那些伟人留传给后人的经济分析，那么，纵然他们不能比这些伟人更好地描述人类的一般行为，他们也会认识到经济分析对于解释人类的一般行为所具有的意义。但他们的批评清楚地表明，他们从未作出这样的努力，也不想作出这样的努力。误解作出这种努力的人，当然很容易，也很惬意。误解一门尚未意识到自身终极含义的科学，这样的机会自然也是俯拾即是。

但是，如果说诋毁经济学的人没有理由指责经济学研究的是特别低级的行为目的，那么，经济学家也同样没有理由对他们有能力处理的问题采取倨傲态度。前面说过，坎南教授对战争政治经济学采取了

很乖谬的态度。我们完全可以说,在这方面坎南教授是在仿效圣彼得,哭诉着说:“主啊,不是这样的,绝对没有下贱和不洁的东西进入我口。”在《财富》[①]一书的开头一章,他特意指出,“买与卖的标准把许多东西带入了经济学,这些东西通常不在经济学中论述,而且在经济学中论述它们似乎也不方便。有史以来在满足肉欲方面一直买卖兴隆,人们从未把卖淫视为经济货物。免罪符有时公开出售,但无论何时都是在某种难以令人相信的借口下出售的,没有人把免罪符视为经济货物”。毫无疑问,这种说法是很成问题的。从最终的伦理意义上说,经济学家同其他人一样,可以认为妓女的劳务无助于增进人们的“利益”。但否认这种劳务是稀缺的(就我们赋予这个词的意义而言),否认花钱买来的性关系具有经济意义,否认从经济上说可以像分析代笔捉刀的价格波动那样分析卖淫现象,这似乎与事实不符。至于免罪符的出售,这种令人愉快的交易在经济史上的地位,实际上是不难判明的。出售免罪符究竟是影响了还是没有影响收入的分配、用在其他商品上的支出额、生产的方向?我们不应回避这样的结论:所有受稀缺性影响的行为都有其经济意义。

3. 经济学与美学

乔赛亚·斯坦普爵士的论文“美学是一经济因素”,[②]提供了一个很有趣儿的例子,告诉人们如果忽视我们力图说明的那些含

① 第1版,第15页。

② 《现代生活中的一些经济因素》,第1—25页。

义，会造成什么样的窘境。乔赛亚爵士同大多数有见识而又富于想象力的人一样，热心于保护乡村景物和古迹（撰写该文，是因为铁路公司方面决定不拆毁斯特拉福德剧院来修建铁路侧线，这是伯明翰的一座16世纪半木质建筑）。与此同时，他认为经济学关心的是物质福利。[①] 于是他便认为，“不注意美学最终将减少经济产量；注意美学则将增加经济福利”。[②] 也就是说，若先建立美的王国，各种物质福利便会增加。而且他力图凭借其权威地位使工商业界相信这一点是真实的。

赞同此说用意良好，很容易。但相信其逻辑站得住脚，却很难。乔赛亚爵士认为，研究古迹和欣赏美好的事物可以培养广泛的兴趣，这既有助于促进智力的发展，又可以使神经系统得到休息，因而一个社会为培养这种兴趣提供机会，或可在其他“物质色彩较浓的”方面有所得，这种看法也许是完全正确的。但如果认为培养这种兴趣必然会增加物质福利，那就太乐观了，无论是经验还是先验的概率都证明不了这一点。毫无疑问，我们大家必须承认这样一个事实，那就是：为了美学上或道德上的价值而牺牲物质享受，不一定会得到物质上的补偿。在一些情况下，面包和百合花是不可兼得的。选择了百合花就得放弃面包，我们可以对这种选择自鸣得意，但却不能自己欺骗自己，说这根本不是选择，还会得到更多的面包。并非只要热爱上帝，就会事事顺遂，物质利益得到增进。经济学并不假设各种目的在这一意义上和谐一致，而是正视

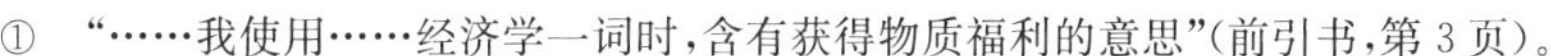

① “……我使用……经济学一词时，含有获得物质福利的意思”（前引书，第3页）。

② 同上，第4页。

各种选择之间的冲突，认为这种冲突是人类生存的永久特征之一。经济学家真可说是悲剧作家。

实际上是乔赛亚爵士固守“唯物主义的”定义，未能清楚地认识到，经济学与美学不能相提并论。[①] 美学关心的是某些种类的目的。美就是一种目的，可以说，它与其他目的相竞争供人选择。经济学则根本不关心目的本身。只有当目的影响手段的配置时，经济学才关心目的。在相对估价表中，经济学把目的看作是给定的，探讨行为的某些方面会产生什么结果。

但有人或许认为，难道就不能把赚钱视为与其他目的相竞争的一种目的吗？如果能这样看，不也就可以大大方方地谈论行为的经济目的了吗。这提出了一些极其重大的问题。赚钱是行为的唯一动机这一假设，究竟在经济分析中起何种作用，要在下一章中才能进行充分的讨论。不过，此刻可以回答说，这种反对意见在于误解了货币的意义。赚钱（就这个词的一般含义而言）仅仅是卖与买的中间环节。一个人出卖自己的劳务或出租自己的财产从而获得一定数量的货币，这并非目的本身。货币显然是最终购买东西的手段。并不是为了赚钱而赚钱，而是为了得到用货币所能购买到的东西——不论这些东西是眼下实际收入的组成部分，还是未来实际收入的组成部分。从这种意义上说，赚钱就是获取手段来达到所有那些能够借助于可购买的商品达到的目的。货币本身显然只是一种手段——一种交换媒介，一种计划工具。对社会而言，

① 公平地说，这同一篇论文中的一些章节似乎认识到了这一点，特别是第14—16页论述消费均衡的那些段落。

从静态观点看，货币的多寡无关紧要。对个人而言，只有当货币有助于达到其最终目的时，货币才是重要的。只有守财奴，即心理反常者，才渴望积累无限多的货币。实际上我们不把这看作典型情况，不把持币需求看作是无限大的，反而习惯于假定获取货币仅仅是为了转手。经济学家不假设货币需求曲线是一条与 y 轴平行的直线，而习惯于假设它近似于直角双曲线。①

4. 经济学与技术

因此，绝不应认为经济学像伦理学或美学那样，关心目的本身。同样重要的是，应把经济学关注的对象与生产技术严格区别开来。所谓生产技术是指如何利用给定的手段。这引出了一些错综复杂的问题，需要详加讨论。

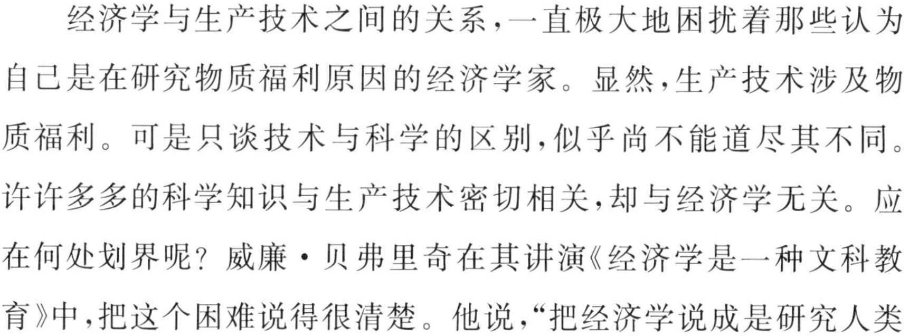

经济学与生产技术之间的关系，一直极大地困扰着那些认为自己是在研究物质福利原因的经济学家。显然，生产技术涉及物质福利。可是只谈技术与科学的区别，似乎尚不能道尽其不同。许许多多的科学知识与生产技术密切相关，却与经济学无关。应在何处划界呢？威廉·贝弗里奇在其讲演《经济学是一种文科教育》中，把这个困难说得很清楚。他说，“把经济学说成是研究人类

① 关于这一切，参看威克斯蒂德，《政治经济学常识》，第155—157页。我们并不否认，获取能得到实际收入的能力这件事本身会成为一种目的，不否认如果这是一种目的，经济体系的各个方面会受到影响。我们只是认为，把这类目的视为“经济”目的，会对经济分析所必然包含的内容产生错误看法。经济学把一切目的都看作是给定的。它们“呈现”在现代经济分析诸命题所假设的相对估价尺度中。

物质福利的科学，这样的定义太宽泛了。房子有助于增进人类福利，因而是物质。但如果考虑如何建造一所房子，屋顶是使用纸还是使用其他材料，这便不是经济学问题，而是造房的技术问题”。[①]在“物质福利的原因”之前加上“一般”两个字，也解决不了这个困难。经济学不是技术的总和，也不试图从每种技术中挑选出若干种技术共同具有的因素。譬如，运作研究可产生一些原则，适用于多种职业。但动作研究却与经济学毫不相干，也不像某些工业心理学家所希望的那样，能取代经济学家。只要仍用物质福利的原因来界定经济学的研究内容，就肯定没有希望澄清经济学与生产技术的关系。

但是从我们所采用的定义的观点看，这种关系却一目了然。生产技术完全应归类于给定的生产要素，这些生产要素影响着不同经济货物的相对稀缺性。[②] 棉纺业的生产技术本身并不是经济学的研究内容，但是某种潜力巨大的给定技术，连同影响供给的其他要素，却制约着对棉织品的估价作出的反应，从而影响着适应性调节，正是这种适应性调节才是经济学研究的对象。

至此，事情极为简单明了。但现在要消除一些可能会产生的误解。乍看起来，我们采用的概念似乎有把婴儿连同洗澡水一起

① 《经济学》杂志，第 1 卷，第 3 页。当然，如果问题是屋顶使用石板还是使用瓦片，这很可能取决于这两种材料的相对价格，因而也就具有了经济意义。技术仅仅划定某些进行选择的范围。参看后面的论述。

② 奈特教授在最近发表的一篇文章(“近来人们所讨论的经济科学”，载《美国经济评论》，第 14 卷，第 225 页及随后各页)中抱怨说，我没有把技术对于经济学而言只不过是已知数这一点讲明白。我不能不认为，奈特教授肯定没有注意到上面那段话。我当然完全同意他在这方面的观点，但不知怎样才能更加突出这一点。

倒掉的危险。把技术仅仅视为已知数,是否会把经济分析最为关注的那些问题从经济学中排除出去?生产不正是技术问题吗?生产理论不正是经济分析关注的主要对象之一吗?

这种反对意见听起来似乎很有道理,但实际上却完全是一种误解,消除这种误解很重要。我们对生产技术所采取的态度,并不会把生产理论从经济学中排除出去。① 因为,影响生产结构的因素从性质上说并不单纯是技术因素。无疑,技术是很重要的。但技术并不是一切。现代经济分析的功绩之一,就是使我们得以把技术放在其应有的位置上。这值得加以进一步的详述。毫不夸张地说,当前对文明的主要威胁之一,就是受过自然科学训练的人看不清经济学与技术的区别。

让我们来看一个与世隔绝的人如何利用一种稀缺的物品。②譬如,让我们看一下鲁宾孙如何使用数量很有限的木头。他没有足够多的木头满足一切方面的需要。暂时没有其他的东西能代替木头。在这种情况下,哪些因素影响他使用这些木头的方法呢?

假如这些木头只能使用一次,只能用于一种目的,或假如只想使用一次,只想用于一种目的,并假设鲁宾孙有充足的时间使用这些木头。毫无疑问,他能节省多少木头完全取决于他对有关的生产技术的了解。如果他只想用木头生火,而木头的供给又是有限的,那他的行为将取决于他对生火技术的了解。在这方面他的行

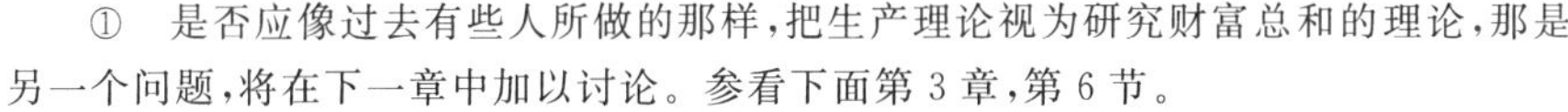

① 是否应像过去有些人所做的那样,把生产理论视为研究财富总和的理论,那是另一个问题,将在下一章中加以讨论。参看下面第 3 章,第 6 节。

② 请比较奥斯瓦尔特的《论基本经济概念》,第 20—41 页。

为纯粹是技术性的。

但是，如果他要用这些木头做多种事情，就是说，如果除了要用木头生火外，他还要用木头在小房子周围建栅栏，那么他便不可避免地面对一新问题，即用多少木头生火，用多少木头建栅栏。在这种情况下，生火和建栅栏的技术仍很重要。但所要解决的问题已不再是单纯的技术问题。[①] 换言之，他在思考如何使用木头时所要考虑到的因素，已不再是单纯的技术因素。人的行为是相互冲突的心理力量在给定的物质和技术条件下彼此作用的结果。若用迈尔教授很典雅的说法表示这种区别，那就是，只有一种目的和多种手段时发生技术问题，而有多种目的和多种手段时发生经济问题。[②]

我们已说过，我们所处的世界的特征之一，即我们的目的是多种多样的，我们所能支配的大多数稀缺手段能用在不同方面。这不仅适用于稀缺产品，而且更适用于基本的生产要素。各种自然资源和劳动可用于几乎无限多样的目的。决定现在不消费会节省下一些基本生产要素，这些生产要素可用于多种迂回的生产过程。因此，只了解现有的技术，并不能确定生产工具的实际配置，还需要了解生产者和消费者对此作出的最终估价。正是给定的目的与物质和技术的可能性的相互作用，决定了经济学家研究的那些行为。只有在一切物品均为免费物品的世界上，技术才是决定达到

① 这一切可以用几条帕累托曲线说清楚。给定生产机会曲线，就可以知道技术可能性。但除非也知道消费无差异曲线，否则问题仍是不确定的。

② 参看汉斯·迈尔，前引书，第5—6页。

给定目的的唯一因素。但根据定义，在这样的世界上，经济问题也就不复存在了。

这一切听起来很抽象，但实际上只是用较为概括的方式（这正适合于我们所考察的基本问题）说明了众所周知的事实。如果具体问为什么某一地区生产某种商品而不生产其他商品，则我们首先不是从技术方面回答这个问题，而是从价格和成本方面回答这个问题；每个大学一年级学生都知道，价格与成本是相对估价的反映，而不是单纯技术条件的反映。大家都知道有些商品从技术观点来看可以很容易地生产出来。[①] 然而眼下从商业上说却不能生产它们。这是为什么呢？因为，在给定的价格下，成本太高了。成本为什么太高？是因为技术发展得不够吗？只有从历史意义上说是这样。但这并没有回答根本的问题，即为什么在给定的技术条件下，成本太高。这只能用经济术语来回答。成本实质上取决于必须为生产要素支付的价格与产品价格之比。而产品价格又取决于各种因素。在竞争条件下，产品价格取决于消费者对生产要素所能生产出来的产品的估价。如果成本太高，那就意味着可以把生产要素用在其他方面，生产消费者估价较高的商品。如果某种生产要素的供给被人垄断，那么高成本仅仅意味着，垄断者采取的政策致使他们控制的某些生产要素暂时闲置不用。但无论在哪种情况下，都正好是在停止描述技术条件的地方，开始了基本的解释过程。

这把我们又带回到了最初的那个命题，虽然我们对其含义已

① 从煤炭中提炼汽油就是个很典型的恰当例子。

有了更多的了解。经济学家不关心技术本身,而把技术仅仅视为影响相对稀缺性的一个因素。正如时尚条件“表现”在相对估价表中那样,技术条件“表现”在生产率函数中。但经济学与生产技术的联系究竟是哪里中断的呢?经济学研究的是如何配置稀缺商品。生产技术研究的是物体或人的“内在”特性。

5. 经济理论与经济史

由以上各节的论证可知,经济学的研究内容实质上是一系列的关系,关系的一方是人类行为的目的,另一方是技术和社会环境。目的本身并不是经济学的研究内容。技术与社会环境也不是经济学的研究内容。对于经济学家来说,重要的不是这些事物本身,而是这些事物之间的关系。

若接受这种观点,便可以对经济史即所谓“描述经济学”的性质作出具有深远意义的说明,从而弄清描述经济学与理论经济学的关系,并消除它们之间所有可能的冲突。经济理论的性质不言自明。经济理论研究的是,在对基本事实的性质作出各种假定的前提下,目的与手段间各种关系的表现形式。经济史的性质也同样不言自明。经济史研究的是在时间过程中表现出这种关系的实例,也就是解释“稀缺性”的历史表现。经济理论描述形式,经济史描述内容。

因此,无论是对于经济史,还是对于经济理论,我们都不能把事件分成许多组,说这些是你的研究对象,那些不是你的研究对象。经济史的范围与经济理论的范围一样,都不能局限于某一部分事件而不损害其内在含义。但经济史与其他历史一样，并不想全面描述各种事件，[①]而只是想倾全力描述事件的某一方面。经济史要描述的是不断变化的经济关系网，[②]是目的的变化和达到目的所需的技术和社会环境的变化对经济意义上的价值产生的影响。[③] 如果经济理论家在玩弄各种形式和各种不可避免的关系时，可以洋洋自得地认为，人类的一切行为都属于经济理论的研究的对象，那么，经济史家在摆脱了对其他历史的依附之后，便也可以狂妄地认为，各种多姿多彩的事件没有哪一个不与经济史有关。

举几个例子便可以说明这一点。譬如，让我们来看那场大动乱，为简明起见，我们称其为宗教改革运动。从宗教史家的观点看，宗教改革运动的意义在于它对教义和教会组织产生的影响。从政治史家的观点看，宗教改革运动的意义，则在于它改变了政治组织，使统治者与被统治者之间建立了新型的关系，导致出现了民

① 关于不采用选择原则就无法研究任何历史这一点，参看里克特，《文化科学与自然科学》，第 28—60 页。

② 请参照坎宁安的这样一句话："经济史不是研究特殊种类的事实，而是从特殊的观点研究所有的事实。"

③ 关于经济理论与经济史的关系，参看赫克谢尔："为经济史理论辩护"（载《经济史》杂志，第 1 卷，第 525—535 页）；克拉彭，《经济史研究》，书中各处；米塞斯："社会学与历史学"（载《社会科学与社会政策杂志》，第 61 卷，第 465—512 页）。可以认为，上面对经济史的性质所作的描述，只是非常理想化地描绘了普通经济史著作的内容。也可以承认，经济史同经济理论一样，过去并非总是能成功地清除外来因素。尤其明显的是，在德国历史学派的影响下，各种社会学和伦理学因素侵入了经济史，即便从最广的意义上说，也不能把这些因素算作经济史的研究对象。而且毫无疑问，在经济史与对历史的其他方面所作的经济解释（这里"经济"一词取正文中所说的那种含义）之间，以及在经济史与"经济史观"（即唯物史观）之间，一直存在着严重的混淆（见下面第 6 节）。但是，我要冒昧地说，同其他任何解释相比，从弗利特伍德和亚当·斯密直至克拉彭的经济史主流，更为首尾一致地证实了我们所作的解释。

族国家。在文化史家看来，宗教改革运动使艺术的形式和内容都发生了重大变化，并使现代科学研究精神获得了解放。但在经济史家看来，宗教改革运动的意义则主要在于它改变了财产的分配，改变了贸易路线，改变了对鱼的需求，改变了免罪符的供给，改变了赋税的归宿。经济学家对目的的变化和手段本身的变化并不感兴趣，而只是对它们如何影响目的与手段之间的各种关系感兴趣，他的职责就是研究这种关系。

我们还可以举生产技术变化的例子，如蒸汽机或铁路运输的发明。这类事件，同目的的改变一样，具有几乎不可穷尽的多种意义。它们对技术史、风俗史、艺术史等等，都具有重要意义。但对经济史家来说，所有这些方面都是无关的，除非它们在他的研究领域内引起作用和反作用。经济史家并不关心早期蒸汽机的确切形状和蒸汽机的物理学原理，尽管过去经济史曾对这类事情表现出异乎寻常的兴趣。对经济史家而言，蒸汽机之所以具有重要意义，是因为它影响了某些产品和某些生产要素的供给与需求，因为它影响了采用蒸汽机的社会的价格和收入结构。

在“描述经济学”(即当今的经济史)领域内亦复如此。描述经济学的主要目的，永远是阐明特殊的“稀缺性关系”，尽管达到这一目的常常要作很专门的研究。譬如，研究货币现象时，常常不得不进行高度技术性的或法律性的研究，如允许透支的方式，发行纸币的法律。这些事情本来是银行家或法学家关注的对象。对于经济学家来说，虽然确切了解这些事情对于达到其目的来说是必要的，但获取这种知识却从属于其主要目的，他的主要目的是解释流通媒介在特殊情况下可能发生的变化。只有当这类技术问题和法律问题与此有关时，它们才具有重要意义。[①]

6. 唯物史观

最后，我们要注意这一切与著名的唯物史观或“经济”史观的关系。因为，从我们采取的观点看，某些常常没有清楚认识到的区别，其实是可以辨认清楚的。

我们已经说过，虽然人们过去给经济学下了一个可称为“唯物主义的”定义，但其内容却根本不是唯物主义的。因而，我们提议改换定义，非但无需改变经济学的内容，反而会使其现有的内容更加容易理解。经济学的“唯物主义”是伪唯物主义，实际上根本不是唯物的。

① 这提醒人们，经济研究中很可能会出现严重的部门主义。近年来，在经济学领域内部门研究获得了巨大发展，建立起了农业经济学会、运输经济学会、矿业经济学会等各种团体。毫无疑问，建立这些学会在某种程度上是有益的。在应用经济学领域内，进行某种分工是必要的，而且正如我们今后将看到的，经济理论若不经常了解各工业部门不断变化的实际情况就不可能卓有成效地解释具体问题。但经验表明，孤立地进行部门研究是很危险的。若不时刻保持警惕，在这种研究中，技术上的兴趣会逐渐取代经济上的兴趣。关注的焦点会转移，仅仅具有技术意义的一套法则会顶替经济学。这是致命的，原因是，手段的稀缺性是相对于一切目的而言的，因而只有把经济系统视为一个整体，才能正确把握在经济方面影响各种社会关系的诸因素。在经济系统内，“各工业部门”不是孤立存在的，它依赖于其他工业部门而存在，只有在整个经济关系网中才能理解它的命运。所以，专门研究某一工业部门或某一职业，常有与本质失却联系的危险。这种研究本应把注意力集中在价格和成本上，但却往往退化为单纯的会计工作和业余技术工作。存在这种危险并不是不作这种研究的理由，但根本的一点，是要认识到存在着这种危险。在此处同在别处一样，保持适当的平衡是很重要的。假如不是有许多各种专门研究机构，我们的知识会比现在贫乏得多。但如果从事专门研究的人更清楚地记住什么是与经济学有关的，也可以避免产生许多严重的误解。

有人或许认为,“经济”史观或“唯物”史观的情形亦复如此,只需改变一下名称便可使这种理论与现代经济分析相一致。但情况并不是这样。因为,所谓“经济”史观并非只是被冠以“唯物主义”名称,而是具有彻头彻尾的唯物主义内容。这种学说认为,所有历史事件,或至少是所有重大的历史事件,都可归因于“物质”变化。这不是从哲学意义上说,历史事件是物质世界的一部分,也不是从心理学意义上说,心理气质只不过是生理变化的附带现象(当然,马克思会接受这种观点),而是说,物质生产技术制约着一切社会制度的形式,社会制度的一切变化都是生产技术变化的结果。历史是技术变化的附带现象。工具史便是人类史。①

不管这种学说正确与否,它都肯定是唯物主义的,肯定不能从我们所知道的经济科学中推导出来。它不仅十分明确地宣称,技术变化引起了稀缺关系和一切社会制度的变化(这个命题也许与现代经济分析是一致的),而且还宣称,社会关系的所有变化都是技术变化造成的(这是个社会学命题,完全超出了经济研究的有限范围)。他明确暗示,目的和相对估价的所有变化,都受制于生产技术的变化。换言之,它暗示,最终估价仅仅是技术条件的副产品。若技术条件变化,嗜好等等也发生变化。若技术条件保持不

① 下文中我们所作的区分与施特里格尔(前引书,第158—161页)作的区分很相似。侧重点的不同可归因于所要说明的问题不同。施特里格尔试图说明,唯物史观是有关所谓“事实变化”的原始理论。所以,他往往忽略唯物史观的这样一种缺陷,即它拒绝考虑最终估价的变化(除非这种变化是由供给方面的变化引起的)。我所要说明的,则是经济分析对历史的解释与唯物主义对历史的解释这两者之间的根本区别。所以我特别指明了唯物史观的那种缺陷。我想,施特里格尔博士不会怀疑我所作的区分依据的逻辑,正如我不会怀疑他所作的类推具有的意义那样。

变，嗜好等等就不会变化。需求方面不会发生自动的变化。无论发生什么变化，最终都可归因于供给的技术条件发生的变化。稀缺性没有独立的“心理”因素（或就这一点而言，也可以说没有独立的“心理”因素）。无论人们先天或后天的基本构造有何不同，他们在相同的技术环境中都会养成相同的习惯，建立相同的制度。这种学说可能是对的，也可能是错的，可能是假冒的黑格尔式呓语，也可能是对事物的深刻洞察，到底是什么，眼下肯定无法进行科学的分析，但这种学说绝对不是从理论经济学的任何规律中推演出来的。它是关于人类行为动机的一般说明，从科学经济学的观点看，这种说明是毫无根据的。“唯物”这个标签正好适合于这种学说。“经济”这个标签则驴唇不对马嘴。经济学也许可以成为阐明历史的一个重要工具。但经济分析中没有任何东西能使我们有资格断言，全部人类历史应该从“经济”方面进行解释（如果“经济”用作物质的同义语的话）。有人把唯物史观称为经济史观，因为他们认为经济学研究的是“物质福利的原因”。一旦认识到情况并非如此，唯物史观的命运也就与经济学无关了。经济科学并没有给予唯物史观以支持，也与唯物史观毫无牵连。从经济科学的观点看，相对估价的变化才是基本事实。[①]

① 实际上可以说，彻底理解经济分析反倒有助于反对唯物史观。一旦认识到技术的变化会直接影响需求量，那就很难使人相信技术的变化与需求方面的自动变化有什么必然的联系。对马克思主义学说采取这种怀疑态度，并不意味着否定形而上学的唯物主义（尽管也不意味着接受形而上学的唯物主义），而只是意味着不相信影响嗜好等的原因从性质上说是技术。从这一意义上说，技术唯物主义是骗人的胡说，会把人引入歧途，对此，极端的行为主义者会举双手表示赞同。

第三章　经济“量”的相对性

1. 稀缺的意义

我们已知道，经济学研究的行为，是受给定手段达到给定目的时的稀缺性制约的。所以，很显然，货物的稀缺性质不是一种“绝对的”性质。稀缺性并非指单纯的稀少，而是说相对于需求而言是有限的。之所以说好鸡蛋是稀缺的，是因为相对于需求而言不够分配。坏鸡蛋虽然要比好鸡蛋少得多，可从我们所指的意义上说，却不是稀缺的，反而显得过多。这种稀缺概念对理论和实践都有重要意义，这正是本章所要论述的内容。

2. 经济货物的概念

根据上节的论述可知，经济货物这一概念必然是纯粹的形式概念。[①] 从物品与人的关系中并不能抽取出什么性质使物品成为

---

① 当然，任何理论科学中的概念都必然是纯粹的形式概念。如果我们试图依据一般方法论的原则描述经济学，而不是按其具体内容描述经济学，则这便是一个指南。但有意思的是，我们从考察解决具体问题的工具入手，最终（作为正确描述的必然结果）得到的概念，却与纯方法论的预期完全一致。

经济货物。从劳务与目的的关系中也不能抽取出什么性质使劳务成为经济劳务。某一物品或某一劳务究竟是不是经济货物或经济劳务，完全取决于它与估价的关系。

譬如，某物之为财富，①并不是因为它具有财富的性质，而是因为它是稀缺的。我们可以用维他命的含量或热值来给食物下定义，但却不能从物质方面给财富下定义。财富从本质上说是一种相对的概念。对于上一章讨论的禁欲社会而言，某些种类的货物相对于需求来说也许太多了，竟致成了免费货物——从严格意义上讲根本不是财富。在相同情况下，纵情享乐的社会则可能是“贫穷的”。也就是说，对于这样的社会而言，上述那些货物可能是经济货物。

与此相同，我们谈论经济意义上的生产力时，指的不是某种绝对的东西，不是能从物质上加以计算的东西，而是满足给定需求的能力。如果给定的需求发生变化，则这一意义上的生产力也会发生变化。

说明此意的一个非常生动的例子，是温斯顿·丘吉尔先生对军需部在 1918 年 11 月 11 日上午 11 时即签署停战协定的时刻所面临的形势作的那番描述。经过多年努力，英国建立起了巨大的生产机器，生产出的战争物资达到前所未有的数量，全面完成了庞

① 财富一词的含义在这里等于经济货物的流量。但我认为在这一意义上使用这个词显然有很大的缺点。若认为“经济”货物不断增加而变为“免费”货物，财富就会减少，这肯定是很荒谬的看法。可这正是在上述意义上使用财富一词会得出的结论。因而在严格的经济学表述中应避免使用财富这个词。这里使用这个词只是为了阐明上节中那些有些模糊的命题在日常讨论中的含义。

大的生产计划。突然间整个形势发生了变化。“需求”骤然缩减。战争的需要终止了。怎么办？丘吉尔先生说，为了平稳地过渡，他颁布命令，要求生产完60%以上的已经预定的物资。“这样，在战争结束后的许多星期内，我们仍向打哈欠的世界吐出大量大炮和各种军事物资”。[①] 他接着说，“这是一种浪费，但也许是一种考虑周到的浪费。”最后这一点正确与否，与我们讨论的问题无关。与我们有关的是，那天上午10点55分尚是财富与生产力的东西，到11点5分却不再是财富，变成了难以处理的东西，变成了社会浪费的根源。物体本身并没有发生变化。枪支还是枪支，机器还是机器。从技术人员的观点看，一切依然照旧。但从经济学家的观点看，则一切都不同了。枪支、炸药、车床、蒸馏器，一切都已沧海桑田。目的改变了。手段的稀缺性不同了。[②]

3.“具体化不当谬误”

我们刚刚讨论的命题，可称之为“经济量”的相对性，与应用经济学的许多问题有重大关系。这个命题实在太重要了，值得在此处此刻中断我们的主要论证过程来对其进行更充分的考察。由此而可以最

① 《世界危机》，第5卷，第33—35页。

② 也许值得说明一下，我们在此处的做法如何不同于根据坎南教授的定义而会采取的做法。把财富定义为物质福利后，坎南教授从逻辑上说将不得不认为，我们在战时不生产。实际上，他避开了这一困难而主张，我们在生产产品，而不是在生产物质福利（《经济理论评论》，第51页）。若根据我们采用的定义，则不说我们不生产，而只是说我们不为和平时期的需求生产。无论采取哪一种观点，战时与平时的物资统计数字都是不可比较的。但若采用我们的观点，显然会更好地保留经济学的各项形式规律。

好地说明纯理论的命题会如何促进人们理解具体问题的含义。

有一类问题只有借助于我们所作的那种区分才能得到圆满解决，这类问题中的一个明显例子，就是目前人们经常讨论的所谓大规模生产的经济效果问题。当今，普通人被大规模生产的辉煌成就弄得头晕目眩。大规模生产已成了万应良药，成了开门咒。整个世界都睁圆了眼睛面向西方，瞧着福特汽车公司。谁在底特律能目瞪口呆地、最长久地凝视着传送带，谁就会被吹捧为最有才干的经济学家。

当然，没有哪个精神正常的经济学家会否认现代制造技术的潜力对现代文明具有的重要意义。技术变革无疑是极其重要的，使人们享有了汽车、留声机和各种无线电装置，甚至较穷的人也享有了这些东西。但在判断技术变革对给定目的具有的意义时，千万要记住物品的单纯增加与需求的满足这两者之间的区别，本章正是要说明这种区别。用方便的术语来说就是，务必要记住技术生产率与价值生产率之间的区别。若不顾需求而大规模生产某些物品，那么，这种生产无论从技术上说具有多高的效率，也不一定是“经济的”。我们已说过，技术问题与经济问题之间存在着根本区别。[①] 显而易见，在某种限度内（这种限度当然会随着技术条件的变化而变化），人和技术的专业化有助于提高技术效率。但这种专业化究竟在多大程度上是“经济的”，实质上取决于市场的规模，也就是说取决于需求。[②] 在一狭小而孤立的社会中，一个铁匠若

① 经济理论评论，第 32—38 页。

② 参看阿林·杨：“收益递增与经济进步”（载《经济学杂志》，第 38 页，第 528—542 页）。关于我们在此处是什么意义上使用“经济的”这个词的，参看下面第 6 章。

为了获得大规模生产的经济效果而仅仅专门生产某一种马蹄铁，那是愚蠢的。他制造了若干某种尺寸的马蹄铁后，最好也制造其他尺寸的马蹄铁，因为后一种马蹄铁要比前一种马蹄铁更为迫切地被人们所需要。

在任何地方和任何时刻都是如此，与消费者的需求相一致大规模生产某种商品而不生产其他商品，是有明确限度的。超越了此限度，不仅会在下述意义上造成浪费，即把生产力用在了生产价值较小的商品上，而且有关的生产企业还会遭受经济损失。现代思想史上的一个怪现象是，当某些行业的发展失调，使经济系统陷入了比以往任何时候都更为严重的混乱时，人们却天真地认为，不管需求条件如何，不管在什么地方，在什么时候，只要能普遍求助于大规模生产，我们便可摆脱困境。这是对崇拜机器的报应，是在充斥着技术人员的世界上智力处于瘫痪状态的表现。

这种对技术潜力和经济价值的混淆，借用怀特海教授的术语，可称之为“具体化不当谬误”。[①] 这种混淆还是现在过于流行的关于固定资本价值的某些观念的基础。有人认为，把大量资金投入某些种类的资本是不划算的，因为消费者的需求会发生变化，或技术发明会使人们用其他更有利的方法来满足消费者的需求，致使这些资本被弃置不用。若把满足需求视为经济组织的准则，上述看法就完全是错误的。假设我买了一张从伦敦至格拉斯哥的火车票，中途收到电报告诉我约会改在曼彻斯特，那么，如果我仅仅因为已“投资”于车票而无法收回资本便继续北上，那我就太愚蠢了。

---

① 《科学与现代世界》，第64页。

不错，这张车票“在技术上”仍是“有效的”，即我仍能凭借它去格拉斯哥。但我的目的已经改变。继续北上的权利对于我来说已没有价值，因而继续北上就不合理了。在经济学中，正如杰文斯所说，逝去的便永远逝去了。

有些机器若对其产品的需求已停止，若这些机器已不如其他机器有利可图，则这些机器当前的状况，就完全与那张火车票一样。虽然这些机器与未发生上述变化时一样在技术上仍是有效的，但其经济地位却发生了变化。[①] 毫无疑问，如果预见到需求或成本的变化会导致这些机器作废，则资源的配置就会有所不同。在这一意义上说无知造成了浪费，并非没有意义——虽然防止这种浪费是有困难的。但是，一旦已经发生了变化，先前的一切就完全无关了，若还进一步考虑先前的一切，那就是浪费时间和精力。面对的问题是如何适应给定的形势。尽管主观价值理论受到了各种正当的批评，但该理论仍有一项不可动摇的成就，那就是，它特别重视上述事实，认为上述事实不仅在最纯的经济理论中很重要，而且在应用经济学中也很重要。

我们所考察的那些命题对应用经济学具有很重要的意义，作为这方面最后一个例子，让我们看一下有关通货膨胀的经济后果的错误观点。众所周知，在通货膨胀时期，建筑业常常极为兴旺。

① 参照庇古：《福利经济学》，第 3 版，第 190—192 页。值得注意的是，当代有关所谓“运输问题”的大多数讨论，完全忽略了这些基本问题。如果政府隐蔽地给予公路运输以补贴，那是财政大臣要考虑的事情，不应因此而劝说喜欢开车旅行的人改坐火车旅行。如果在当前的需求状况下火车不赢利而我们却要保留火车，那我们就应把火车当作历史遗迹而向其提供补贴。

在人为低利率的刺激下，常常大规模地检修资本设备。新工厂建立了起来。旧工厂的设备得到了更新。在一般人看来，这一壮丽景象是极其迷人的；人们讨论通货膨胀的后果时，常把这看作是通货膨胀带来的好处，是通货膨胀促进了所有这一切。我们常听人这样谈论德国的通货膨胀，说它虽然是痛苦的，可却至少为德国的工业提供了新资本设备。像 F. B. 格雷厄姆这样的大权威竟也持有这种观点。[①]

虽然这种观点貌似有道理，但它与我们讨论的其他错误观点一样，也是以粗浅的唯物主义观念为依据的。因为，任何工业体系的效率并不在于拥有大量最新式的资本设备，而可以不考虑对其产品的需求或生产要素的价格（要有利可图地利用资本设备，就需要有生产要素）。工业体系的效率在于它的适应程度，即组织一切资源满足需求的能力。现在可以证明，[②]在通货膨胀时期，人为的低利率会促使某些种类的资本主义生产大幅度扩张，以致刺激耗竭时，这些种类的生产便不再能产生利润。与此同时，流动资金也消散和耗竭了。价格暴跌时，这种工业体系便搁浅了，固定资本太昂贵以致赚不到利润，"流动资本"较缺乏，致使利率苛刻难忍。曾

① 《恶性通货膨胀中的交换、价格和生产：1920—1923 年的德国》，第 320 页。"就产量而言，实际统计数字几乎不支持这样的论点，即通货膨胀带来的祸害不是分配方面的祸害。"在该书结尾处，格雷厄姆教授确实勉强承认，"在通货膨胀的后期阶段，人们会以不同寻常的规模对耐久性货物进行投资"。但他似乎认为，资本设备的"质量"虽然会下降，但却不会损害其"数量"。

② 参看米塞斯：《货币与信用理论》，第 336—339 页；哈耶克：《货币理论与商业循环》和《价格与生产》；施特里格尔："信用膨胀之下的生产"（载《社会政策协会文献》，第 173 卷，第 187—211 页）。

给新闻记者留下深刻印象的华美机器仍在那里，可已不再产生利润。物质仍在，可已失去了经济意义。在德国的通货膨胀时期或经济稳定时期，考虑这些事情也许会被认为与现实风马牛不相及。但在那个不幸的国家经历了多年的“资本短缺”后，考虑这些事情就不显得那么不自然了。①

4. 经济统计的意义

现在可以重新作较为抽象的考察。接下来要考察我们的定义与经济统计的关系。

经济统计使用两种计算单位，即实物单位与价值单位。人们要么是以“重量加总”方法进行计算，要么是以估价方法进行计算，譬如，要么说若干吨煤，要么说若干英镑煤。从经济分析的观点看，究竟应赋予这些计算以什么意义？

就实物计算而言，以上所述就足够了。我们无需进一步详述以下命题，即：虽然实物计算作为对事实的记录也许是无可指摘的，在某些方面也是有用的，但从经济学家的观点看，实物计算脱离了相对估价便毫无意义可言。无疑，若假定相对估价具有某种经验上的永久性，许多实物数列就对应用经济学具有直接的意义。但从逻辑的观点看，这纯属偶然。数列的意义总是取决于相对估价的背景。

① 参看波恩：《德国资本主义的命运》，第 14—31 页。布莱西亚尼—图罗尼：《德国马克的变化情况》。

就价值计算而言,则有另一些棘手的难题,现在我们就来加以解释。

根据现代价格理论,不同商品和生产要素的价格是相对稀缺性的表现,换言之,是边际估价的表现。[①] 给定初始的资源分配,则可以想象,每个进入市场的人都有一相对估价尺度;市场的相互作用会使这种个人估价尺度和表现为相对价格的市场估价尺度彼此一致。[②] 所以,价格用货币表示出了市场上各种商品和服务的等级。因此,任何已知的价格只有相对于当时流行的其他价格而言才有意义。它本身毫无意义可言。只有当它用货币表示某种偏好次序时,它才有意义。正如塞缪尔·贝利在一百年前指出的,"我们在谈论某一物体的距离时,必然要涉及另一物体,在两个物体之间才存在距离,同样,我们在谈论某一商品的价值时,也必然要涉及另一与此相比较的商品。正如不涉及另一物体,一物体本身无距离可言那样,一物品不涉及另一物品,其本身也无价值可言"。[③]

因此,"经济量"这个词实际上很容易使人产生误解,我们在本章中采用这个词,只是为了保持连续性,为了使人产生某些明确的联想。不错,价格可以表示交换某种商品而必须支付的货币数量,但其意义却是这一货币数量与其他货币数量之间的关系。价格制度表示的估价完全不是数量,而是某种次序排列。完全没有必要

① 参看下面,第 4 章,第 2 节。

② 有关这一过程的详尽描述,请特别参看威克斯蒂德,《政治经济学常识》,第 212—400 页。

③ 《对于价值的批判》,第 5 页。

认为相对价格尺度衡量的是货币数量以外的任何其他数量。价值是一种关系，不是一种测度。①

但如果是这样的话，则价格相加或个人收入相加构成社会总量，就是一种意义很有限的运算。作为花掉的货币数量，特定的价格和特定的收入是可以相加的，由此而得到的总量也具有明确的货币意义。但是，作为偏好次序的符号，作为相对估价的尺度，它们是不能相加的。它们的总量毫无意义。它们只是在相互关系中才有意义。社会收入的估计数字可能对货币理论而言具有十分明确的含义。但超过此点，它们就只具有习惯上的意义。

正确认识这一结论的分量与局限性，是很重要的。这一结论意味着，价格总量的含义只不过是一连串的货币支付。严格地说，无论是整个世界的货币收入这一概念，还是整个国家的货币收入这一概念，都仅仅对货币理论有意义——前者仅仅对一般间接交换理论有意义，后者仅仅对李嘉图的贵金属分配理论有意义。当然，这并不是说它们不能具有**习惯上的**意义。如果我们乐于假定，偏好和分配在短期内不会迅速发生变化，乐于假定某些价格变化对大多数经济主体有特殊意义，那么毫无疑问，我们就可以任意规

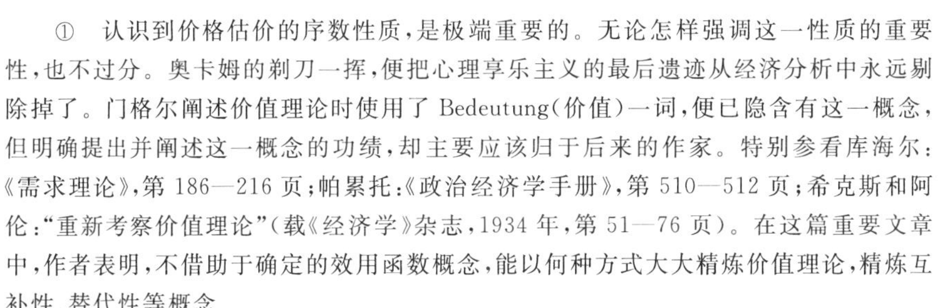

① 认识到价格估价的序数性质，是极端重要的。无论怎样强调这一性质的重要性，也不过分。奥卡姆的剃刀一挥，便把心理享乐主义的最后遗迹从经济分析中永远剔除掉了。门格尔阐述价值理论时使用了 Bedeutung（价值）一词，便已隐含有这一概念，但明确提出并阐述这一概念的功绩，却主要应该归于后来的作家。特别参看库海尔：《需求理论》，第 186—216 页；帕累托：《政治经济学手册》，第 510—512 页；希克斯和阿伦：“重新考察价值理论”（载《经济学》杂志，1934 年，第 51—76 页）。在这篇重要文章中，作者表明，不借助于确定的效用函数概念，能以何种方式大大精炼价值理论，精炼互补性、替代性等概念。

定这些总量的变化具有某种有用的意义。这正是最优秀的统计学家认为这种估计数字所具有的全部意义。以上论述只是想强调这样一点,即社会总量的性质实质上是任意的。它们在现实中并没有对应物,也不是根据纯理论的主要范畴推导出来的。

只要想一想可以如何利用这些总量来考察分配的剧烈变化可能产生的影响,就可以看出以上论述的意义。人们时常计算某一地区内自然增加的货币收入总额,并力图根据这种总额估计出收入分配朝着平均主义的方向发生的巨大变化。在这方面,最著名的尝试是鲍利教授和乔赛亚·斯坦普爵士所作的估计。[①]

若这种估计仅限于弄清可用于再分配的花费能力的初始量,它们便是有价值的,也是重要的。当然,这也是那些进行这种估算的著名统计学家所一贯主张的。但超过这一点,力图赋予它们确切的意义,只能是白费心机。因为,仅仅是再分配这一事实,就肯定会使相对估价发生变化。整“套”生产机器也会发生变化。商品和服务流量的构成也会发生变化。其实,我们稍微仔细思考一下就会看出,这种估算必然会大大高估这种变化所释放的生产力。因为,富人的高收入,很大一部分要归因于存在着其他富人。律师、医生、好位置的地产所有者能享有高收入,是因为存在着另一些高收入者,给予他们的服务以很高估价。重新分配货币收入后,虽然有关的生产要素的技术效率不会发生变化,但它们在相对估价尺度上的位置却会与以前完全

① 参看鲍利:《工业产品的分配》;斯坦普:《财富与纳税能力》。

不同。在货币数量保持不变和流通速度保持不变的情况下，几乎可以肯定，重新分配货币收入的最初结果，主要是导致劳动阶级消费的物品的价格上涨。这一结论从职业调查中可以看得很清楚，但实际上却往往被货币估算所掩盖——尽管这种估算也常常被认为是悲观的。若计算一下现在为富人生产实际收入的人口有多少可以转而为穷人生产实际收入，就会很容易地看出，收入的实际增加额是微不足道的。如果试图通过货币计算得到更精确的数字，那很可能会夸大收入增长额。开始时不平等的程度愈大，夸大的程度也就愈大。①

5. 时间序列的意义

把价值视为偏好次序的表现，由此而带来的另一结果是，除非价格被加以比较的商品可以互相交换，否则对各种价格加以比较就毫无意义可言。

因此，对某种商品在不同时期的价格进行比较，并不一定会提供比这种比较本身更有意义的结果。去年的面包是每磅 8 便士，今年的面包是每磅 6 便士，这一事实不一定意味着今年面包的相对稀缺性低于去年面包的相对稀缺性。对 8 便士和 6 便士

---

①　当然，情况也并不一定是这样。如果富人不用其收入购买医生、律师等的昂贵服务，而习惯于雇用大批仆从（这些仆从又由其他人养活），则货币收入的变化就有可能解放出一些生产要素，从需求的新情况看，这些生产要素会使生产力增加。但实际情况并非如此。即使富人雇用大批仆从，这些仆从也会把大部分时间花在彼此相互照顾上。凡家中雇有多个仆从的人都清楚地知道这一点。

加以比较是没有意义的，对去年的 8 便士和其他价格加以比较，对今年的 6 便士和其他价格加以比较，才有意义。因为，正是这种关系，对行为才有意义。仅仅这种关系才包含有单一的估价系统。[①]

人们一度曾认为，只要根据"货币价值"的变化修正各种商品的价格，便可以克服上述困难。不容否认，如果除了所考察的那种商品外，每一种商品与所有其他商品的关系保持不变，只是货币的供给和所考察的那种商品的供求发生变化，则进行上述修正就够了。也就是说，如果原来的价格关系是：

$$P_a = P_b = P_c = P_d = P_e \cdots\cdots \qquad (1)$$

接下来的时期价格关系是：

$$P_a = \frac{1}{2}P_b = \frac{1}{2}P_c = \frac{1}{2}P_d = \frac{1}{2}P_e \cdots\cdots \qquad (2)$$

那么，事情便很简单，对它们进行比较也有某种意义。但是，除非发生一系列相互抵消的偶然事件，否则不可能出现上述那种关系。这不仅是因为需求或其他商品的生产条件会发生变化，而且还因为几乎所有可以想象的变化，不管是实物上的变化还是货

① 关于这一切，经典论述仍是塞缪尔·贝利在前引《对价值的批判》一书中所作的论述，见该书第 71—93 页"论不同时期商品的比较"那一章。贝利过分夸大了自己所说的情况，以致未提及时间过程中的预期价值关系。但在其他一切方面，他的观点则是无懈可击的，而且他的论证在整个理论分析领域内可说是最典雅的。他极其细腻、细致地指出了李嘉图《原理》中第一个命题的含混不清之处，即便是最愚钝的人也会不禁为之击节叹赏。英国古典经济学的团结一致，使经济学的进步遭受了若干真正的损失，其中之一就是，贝利的著作也许由于抨击了李嘉图和马尔萨斯，而被打入了冷宫。可以毫不夸张地说，当今指数理论试图摆脱的那些错误，若当年人们没有忽视贝利的主要命题，本来是可以避免的。

币上的变化，都肯定会使某种商品与其他各种商品的关系发生不同的变化。也就是说，所发生的某种变化除非被另一变化所抵消，否则不会导致出现像等式(2)那样的一组新关系，而是会导致出现一组这样的关系：

$$P_a = \frac{1}{2}P_b = \frac{1}{4}P_c = \frac{3}{4}P_d = P_e \cdots\cdots \quad (3)$$

人们早已认识到，实物变化必然会带来这种结果。如果对 a 的需求发生变化，则对 b、c、d、e……的需求也会发生变化，但这绝不会使 a 与 b 之间关系的变化等于 b 与 c 之间关系的变化……。技术发生变化时，从生产 a 的过程中解放出来的生产要素虽然分配于 b、c、d 之间，但分配的比例却不会保持 $P_b : P_c : P_e : P_c : P_d$……。只需进行非常简单的推理便可证明，[①]“货币的”变化也是如此。发生“货币”变化而各种相对价格不受不同的影响，这几乎是不可想象的。但若是这样，想要正确“修正”价格变化便纯粹是幻想。[②] 塞缪尔·贝利的结论依然是正确的：“我们说一件物品过去具有某种价值时，指的是能用它换得一定量的另一种商品。但如果谈论两个不同时期的同一种商品，就不能采用这种说法。”[③]

① 特别参看哈耶克：《价格与生产》，第 3 章。

② 人们通常未认识到，如果有两种以上的商品，而一种商品和其他商品之间的交换比率不按同一比例变化，则赋予价值变化以精确意义所遇到的困难，就不局限于“货币价值”的变化。想象生铁“购买力”的变化，同想象货币购买力的变化完全一样，是不可能的。但两者之间存在着实际区别。由于生产是被相对估价所决定的，因而我们实际上便无需为生铁购买力的变化担忧，但由于种种原因，有些是正当的，有些是不正当的，我们不得不为“货币”变化的影响深深担忧。

③ 前引书，第 72 页。

我们应正确理解这一命题的含义。它并未否认时间之间有可能存在着价格关系。很显然，在任何时刻，预测未来的价格都肯定会影响当前的估价和价格关系。[①] 我们可以用现在的货物交换未来的货物，可以想象价格变化的均衡方向。这是真实的，也是重要的。但是，虽然在当前的价格和预期的未来价格之间存在着而且必然存在着某种联系，可在当前的价格和过去的价格之间却不存在必然的联系或有意义的价值关系。观念中的长期均衡关系是一种假设的关系。只有当预测被证明为正确时，才会实现均衡关系。在时间过程中，情况在变化，虽然每一时刻都趋于达到均衡，但此时的均衡已不是彼时的均衡。长期的价格关系有一种根本的不对称性。未来（即可预见的未来）会影响现在，但过去却与现在无关。过去的影响只是现实的一部分。就估价活动而言，逝去的已永远逝去了。

在此，又与讨论社会总量时一样，我们无意于否认比较不同时期的价格具有实际用处与意义，也无意于否认利用设计得当的指数“修正”价格是有用的。一方面对于应用经济学中的某些问题而言，另一方面对于解释历史而言，指数方法都有很大用处，这一点是不容有什么怀疑的。若愿意对某些价格之和的意义作任意的假设，则不可否认，可以得出对实践具有重要意义的结论。这里所要强调的只是，这种结论并非得自纯理论的范畴，而且肯定含有习惯

① 参看费特：《经济学原理》，第 101 页及随后诸页和第 235—277 页。并参看哈耶克：“不同时期的价格均衡体系和‘货币价值’的变化”（载《世界经济文献》，第 28 卷，第 33—76 页）。

因素。所谓习惯因素指的是假定资料在经验上是不变的，[①]或者指的是对特定价格或特定经济主体的相对重要性作任意的价值判断。

6.“生产—分配”与“均衡分析”

并非仅仅是有关经济统计数字的解释这一个经济研究领域，受到了我们对经济学内容的看法的影响。理论分析主体的安排与阐述，也要作很大修正。这是个有趣的例子，说明这种研究很有用处。我们开始时是想更精确地说明经济学法则的内容，可结果却得到了一种观点，使我们不仅能从这些法则中识别出什么是本质的东西，什么是偶然的东西，而且还使我们能重新表述这些法则，比以前更加突出其本质特征。且让我们看一下这是如何发生的。

经济学的传统研究方法，一直是探究决定财富生产和分配的原因，至少在讲英语的经济学家当中是这样。[②] 经济学被分成了两大部分，一是生产理论，一是分配理论。前者的任务是解释决定“总产量”大小的原因，后者的任务是解释决定总产量分配于不同

---

① 例如在讨论实际收入和生活费用的变化时。关于这一切，参看哈伯勒：《物价指数的意义》，书中各处。哈伯勒博士的结论是明确的。“如果经济学试图为别人决定两种实际收入中哪一种‘较大’，那它便犯了超越其必要界限的罪，也就是说，它在试图作价值判断。哪种实际收入较大以及应选择哪种实际收入，这只能由享有实际收入的个人即作为经济主体的个人去决定。”这段话我们翻译得很自由，因为英文中无法表达出德文中 Naturaleinkommen 和 Realeinkommen 这两个鲜明对比的词，除非我们把 Naturaleinkommen 译为“实际收入”，把 Realeinkommen 译为费特的“心理收入”。

② 参看坎南：《生产与分配理论》，第 2 章。

的生产要素和不同的人之间的比例的原因。这两个标题下的内容实际上差别很小。关于价值理论的地位，一向就叫人感到很为难。但概括地说，直至最近，这仍是经济学的主要划分法。

毫无疑问，从表面上看有充足的理由采用这种方法。正如坎南教授所说，[①]从社会政策的观点看，我们感兴趣的问题是——至少似乎是——与生产和分配有关的问题。如果我们打算课征一种税或给予一种补贴，我们问的问题（不管我们是否理解其含义）往往是：这一措施会对生产有什么影响？会对分配有什么影响。因而很自然地，在过去，经济学家往往以回答这两个问题的形式排列经济学的法则。[②]

然而，如果我们尚记得前面所说的经济学的性质和经济"量"的相对性，那么很明显，从这种观点看，传统的划分方法具有严重缺陷。

此处无需详述各种技术因素多么不适当地，而又多么几乎不可避免地侵入了按传统方法排列的理论体系。我们都与熊彼特教授有同感，对陈腐烦琐得令人难以置信的所谓生产理论感到羞耻，它冗长乏味地讨论各种形式的农民所有权、工厂组织、工业心理学、技术教育，等等，即便是最优秀的一般理论著作，若按传统划分

① "经济学所要探究的根本问题是，为什么我们大家从总体上说能过现在这种富裕生活，为什么我们当中有些人比一般人富裕得多，另一些人则比一般人穷困得多……"（坎南：《财富》，第3版，第5页）。

② 他们的法则是否真的回答了这两个问题，特别是有关个人分配的问题，那另当别论（参看坎南：《经济学展望》，第215—253页；《经济理论评论》，第284—332页；并参看达尔顿：《收入的不平等》，第33—158页）。重要的是，他们认为自己应当回答这些问题。他们实际上并未回答这些问题，这不一定会损害他们的声誉，也不一定会损害他们提出的那些法则的声誉。有充足理由认为，个人分配在某种程度上是由经济以外的因素决定的。

方法排列，也总是要讨论这些问题。①

还有一更为根本性的理由反对采用传统的划分方法，那就是，采用这种方法无法进行精确的表述。科学法则，若想取得规律的地位，就必须能够加以精确的表述。正如我们在下一章中将看到的，这并不是说，科学法则必须能够加以精确的数量化。我们无需先赋予需求法则以数值，然后再利用它推导重要结论。但我们表述需求法则的方式，却必须与能够加以精确表达的形式关系相关联。②

如前所述，生产总量变动的概念并无确切的内容。我们如果愿意，可以赋予某些指数以常规数值，并可以把生产的变化界定为这种指数的变化；对于某些目的来说，采用这种方法是可取的。但这种方法却没有分析上的正当理由，不是从我们有关经济货物的概念中产生的。在这种意义上就影响生产的原因所作的那种概括，永远取得不了规律的地位。因为，规律必须与明确的概念和关系相关联，而生产总量的变化不是一种明确的概念。

事实上，还尚未有人阐述过这种意义上真正的所谓生产“规律”。③ 每当经济学家所作的概括具有规律的形式时，这些概括都不

① 参看熊彼特：《理论国民经济学的本质与主要内容》，第156页。

② 参看埃奇沃思：《数学心理学》，第1—6页；考夫曼：“国民经济学中能否采用数学方法？”（载《国民经济学杂志》，第2卷，第754—779页）。

③ 最接近于生产规律的法则，体现在著名的“最优人口理论”中。最优人口理论从十分精确的非比例报酬规律（该规律谈的是各种生产要素的成比例组合如何导致生产率的变化）出发，似乎以同样的精确程度说明了各种人力因素在不变物质环境中的变化。不过，该理论实际上引入了平均数和总量的概念，若不作常规假设，便无法赋予这些概念以意义。关于最优人口理论，参看拙作《最优人口理论》，收入达尔顿和格雷格里编《伦敦大学经济学论文集》。在那篇论文中，我讨论了求平均数的困难，但我当时未完全认识到以下两种陈述在一般方法论上的区别，一种是有关平均数的陈述，一种是有关精确数量的陈述。因而我没有能充分强调这一点。

是与诸如总产量这样的模糊概念相关联，而是与诸如价格、供给、需求等十分明确的概念相关联。李嘉图体系在这方面是后来一切体系的原型，该体系讨论的实质上是各种明确的数量和关系趋于均衡的过程。每当该体系的讨论涉及各种经济货物和经济货物之间的交换比率时，经济学概括便具有科学规律的形式，这绝非巧合。①

由于这一原因，近年来经济学家愈来愈倾向于抛弃传统的划分方法。我们不再探究决定生产和分配变化的原因，而是探究在某些初始资料给定的情况下，各种经济“量”达到均衡的条件，②探究这些资料的变化产生的影响。我们不再把经济分析的主体划分为生产理论和分配理论，而是建立了均衡理论、比较静态理论和动态变化理论。我们不再把经济系统视为一架生产总产量的机器，不再探究哪些因素决定这种产量的多少以及按何种比例分配这种产量，而是把经济系统视为人与经济货物之间的一系列相互依赖而在概念上又独立的关系，并探究这些关系在什么条件下保持不变，目的和手段的变化会产生什么影响，以及怎样预测这种变化。③

---

① 不应过分强调以往分析方法的优越性。譬如，货币理论虽然从许多方面看可说是经济理论最发达的一个分支，可它却仍然采用我们认为可疑的那种假概念，如价格水平、购买力平价的变化等。正是在这方面，货币理论中的难题尚未得到解决。货币理论最近得到的改进，就是力图完全消除对这些虚假概念的依赖。

② 关于人们考察过的各种均衡，参看奈特：《风险、不确定性和利润》，第143页，注释。维克塞尔：《政治经济学讲义》，第1卷；以及罗宾斯：“静态均衡概念中的一模糊之处”（载《经济学杂志》，第11卷，第194—214页）。

③ 参看帕累托：《政治经济学手册》，第147页；并参看我的文章“生产”，收入《社会科学百科全书》。在本书第一版中，我用“变动理论”这个标题囊括了比较静态理论和动态变化理论。我现在认为最好还是把这两种变动理论区分开来。进一步的阐述，参看下面第6章，第7节。

我们已知道，这种趋势就其最完善的形态而言，的确是不久之前的事，但在早期科学经济学的文献中就已有了其萌芽。魁奈的《经济表》实质上便试图运用现在所谓的均衡分析。虽然亚当·斯密的那部伟大著作宣称考察的是国民财富的原因，而且也确实就获取财富的条件这个一般问题发表了许多看法（这些看法在应用经济学史上是很重要的），但从理论经济学史的观点看，这部著作的最主要成就，却是他论证了相对价格机制如何使分工趋于保持均衡状态。正如阿林·杨指出的，[①]这种论证与现代洛桑学派最为精致的理论是一致的。价值与分配理论实际上是古典学派分析的核心，尽管他们力图以其他名称掩盖其目的。论述赋税和奖励金的传统理论，其表述方式与现代比较静态学的表述方式完全一致。因此，虽然现代理论的外表是新的，但其实质却与旧理论的内核是一脉相承的。现代理论只是更加突出了早期理论的方法论基础并推广了早期理论的分析方法。[②]

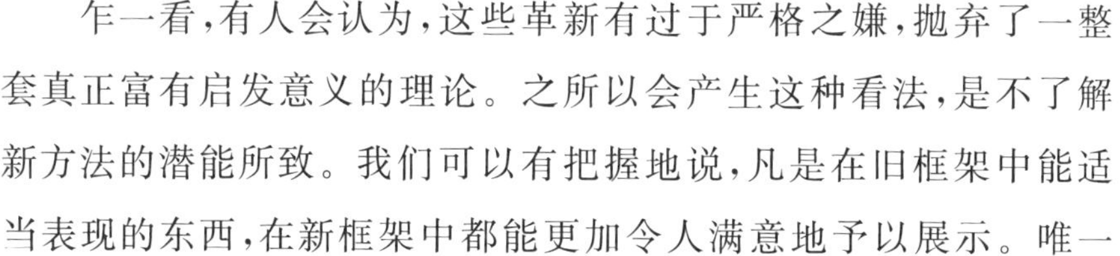

乍一看，有人会认为，这些革新有过于严格之嫌，抛弃了一整套真正富有启发意义的理论。之所以会产生这种看法，是不了解新方法的潜能所致。我们可以有把握地说，凡是在旧框架中能适当表现的东西，在新框架中都能更加令人满意地予以展示。唯一

① 前引书，第540—542页。

② 此种变化肇始于主观价值理论出现之时。只要用成本来阐述价值理论，就可以把经济学的研究对象视为某种社会现象和集体现象，就可以把价格关系仅仅当作市场现象来讨论。一旦人们认识到这种市场现象实际上依赖于个人选择的相互作用，认识到用来解释它们的那种社会现象——即成本——归根结底是个人选择——对不同机会的估价（维塞尔、达文波特）——的反映，旧的分析方法就愈来愈不方便了。数理经济学家在这方面所做的工作，只是特别大胆地采用了实际上所有现代理论都采用的方法。

的区别是，采用新排列方法后，我们在迈出每一步时清楚地知道我们知识的限度和意义。如果我们迈出纯分析的范围而采纳应用经济学的常规假设，那我们会清楚地知道自己所处的位置。我们永远不会再有这样的危险，即把借助于常规假设而中途偷运进来的某种东西当作基本前提的推论。

我们可以把现代讨论生产组织的方法当作一个例子，以此说明现代方法的优点。以前有关这一问题的论述令人很不满意：先是从亚当·斯密那里抄来几条陈腐的法则，用以证明分工带来的利益，然后再从巴贝杰那里抄几个实例加以说明；接下来便东拉西扯地讨论工业的“形式”和“企业家”，中间对各国的特征发表一通毫无科学价值、也毫无根据的意见，整个论述也许以讨论地方化的一章作结尾。我们无需细说这一切平庸而乏味的论述，但也许应该明确指出这种论述方式的一些实实在在的严重缺陷。这种论述方式暗示，从经济学家的观点看，生产“组织”是工业（或农业）内部安排问题——如果不是厂商内部的安排，至少是“这种”工业的内部安排——尽管如人们所预料的那样，“这种”工业很少得到令人满意的界定。与此同时，它往往完全忽略统驭一切生产组织的那个因素，即价格与成本的关系。这种关系出现在讨论“价值”的那个不同的理论分支中。其结果是，几乎不论哪一位教师若接手旧教科书培养出来的学生，都会看到这样的情形，一个人很可能对价值理论和其冗长而细致的论述有广泛的了解，并能不着边际地大谈利率及其可能的“原因”，可却从未认识到价格、成本和利率在组织生产方面发挥的根本性作用。

若采用现代论述方式，则不可能出现这种情况。在现代的论

述中，有关“生产”的讨论是均衡理论不可分割的一部分。均衡理论告诉人们，价格与成本机制如何把各种生产要素分配于各种商品的生产之间，在某些基本资料给定的条件下，利率和价格差额如何决定生产要素在当前的生产与未来的产生之间的分配。[①] 分工学说以前只是与技术有关的一种学说，令人非常不满意，现在则变成了长期移动均衡理论不可分割的一部分。甚至“内部”组织与管理问题，现在也与外部相对价格和成本系统相关联；由于实际情况确实如此，乍看起来虚无缥缈的纯理论，其实反而使我们更加接近现实。

① 最完美的讨论，见维克塞尔：《政治经济学讲义》，第1卷，第100—206页；汉斯·迈尔：《生产》，收入《国家科学词典》。

第四章　经济法则的性质

1. 引言

前面我们已充分讨论了经济学的研究内容以及与之相关联的基本概念，但尚未讨论与这些概念相关联的法则的性质，尚未讨论经济规律的性质和由来。所以，本章将讨论这些问题。讨论完这些问题，便可着手从事第二项主要工作，即考察经济法则体系的局限性与意义。

2. 经济分析的基础

本文的目的是通过考察实际存在的经济科学而得出一些结论。目的不是弄清应该如何从事经济学研究(虽然我们在下面将顺便提及有关这一问题的争论，[①]但可以认为，这一问题在明白道理的人们当中已经解决了)，而是弄清应该赋予经济学已经得出的结论以什么意义。所以在开始时，我们最好不是力图根据经济学内容的纯范畴推导经济学法则的性质，[②]而是先考察从现有分析

---

① 参看下面第 4 节以及第 5 章第 3 节。

② 作这种推论而得出实质相同结论的例子，参看施特里格尔，前引书，第 121 页及随后诸页。

体系中抽出的样品。

经济分析中最基本的命题，是一般价值理论中的命题。人们会发现，无论对于哪个“学派”来说，也无论对经济学的内容作何种安排，那一整套解释给定一阶商品之间关系的命题，都在整个体系中居于中心地位。说价值理论已十全十美，恐怕为时尚早。但很显然，足够多的工作已经完成，有理由说有关价值的主要命题已经牢牢地确立。因而我们可以进而探究其有效性的依据。

我们无需花很多时间来说明，价值理论不能仅仅求助于“历史”。若某些现象常常同时出现，则表明有问题需要加以解答。但不能认为这本身包含有明确的因果关系。有人会说，每当价值理论的简单推论所假设的条件实际存在时，随之便会出现所推论的结果。例如，每当在较为自由的市场上人为规定价格时，随之便会出现躲避定价的现象，或出现分配上的混乱，这使人联想到上次大战或法国革命、俄国革命时出现的购买食物的长蛇队。[①] 但这并不能证明上述现象在直接意义上具有因果关系，也没有为预测它们未来的关系提供可靠的依据。若没有合理的依据确定直接关系，也就没有充足的理由认为历史“会重演”。因为，如果说历史和初等逻辑揭示了一件事情的话，那就是，历史归纳法若不借助于分析判断，乃是最不可靠的预言基础。[②] 在俱乐部的创建仪式上，总

① 如果本书读者怀疑这类明显的事实，可查阅威廉·贝弗里奇的权威著作《英国的食品管制》，该书记录了英国近来在这方面做的试验。

② “普通人认为，在政治问题上，可靠的方法是培根的归纳方法，认为真正的向导不是一般推理而是具体经验，这种看法终有一天将被视为自古至今智力水平低下的最明显标志……”。谁采用这种论证方法……谁也就应该重新学习一下初等自然科学的基本原理。这样的推理者恰恰是在原因最为复杂多样的情况下忽略了“原因的多样性”这一事实。

有无聊的人宣称“历史将证明”,人们总是一味去预测不可能预测的事情。现代历史哲学的一项伟大功绩,就是清除了所有这类主张,而且对历史与自然科学作了根本性区分,认为历史并不沿着一般化的抽象法则前进。[1]

同样明显的是,我们之相信价值理论中的命题,并不是以受控试验的结果为依据的。固然,上面提到的那种情况,已一再被政府干预的结果所证实,而政府干预又可以说在某种程度上类似于受控制的试验。但是,若认为这种“试验”的结果可以为应用范围如此广泛的命题,乃至可以为一般价值理论中的命题提供依据,那就太浅薄了。的确,经济法则若建立在这种基础之上,那是非常脆弱的。然而,实际上,我们之相信这些命题,完全同有受控试验作依据一样。

那么,价值理论依据的是什么呢?

无需掌握多么艰深的经济分析知识就可以看出,价值理论的基础是这样一个假设,即个人想要做的不同事情对个人具有不同的重要性,因而可以根据某种顺序来加以排列。这一观念可以用不同的方式并以不同的精确程度来表达,先是有门格尔和早期奥地利学派的简单需要体系,后来有威克斯蒂德和舍恩费尔德的较为精致的相对估价尺度,其后又有帕累托以及希克斯先生和艾伦先生的无差异体系。但归根结底可概括为这样一点,即我们可以判断出不同的经验对于我们是同等重要,还是其中一些较重要,另

① 参看李凯尔特:《自然科学概念形成的界限》,书中各处。并参看马克斯·韦伯,前引书,书中各处。

一些不那么重要。根据这一基本经验事实，便可推出不同商品可相互替代的概念，不同商品相互需求的概念、不同商品在不同用途之间均衡分配的概念、交换均衡的概念以及价格形成的概念。当我们从描述单个人的行为转而讨论市场时，我们自然要作另一些辅助性假设，例如假设有两个人或有许多人，供给被一卖主垄断或有许多卖主，某一市场上的个人知道或不知道其他市场上发生的事情，市场的法律框架禁止这种或那种获取或交换方式，等等。我们还假设财产的初始分配状态。[①] 但最基本的假设永远是不同的经济主体作不同的估价。而且前面已指出，[②]这种假设实际上是要有经济活动必须具备的条件之一，是所谓经济行为的本质要素。

上述所有命题均与商品估价理论有关。初等价值和交换理论未探究连续生产的条件。如果我们假设生产已开始，那就会出现一系列新问题，需要用新的原理加以解释。譬如，我们要回答所谓归属问题，亦即要解释产品价值与生产要素价值之间的关系。人们是否会同意前面给出的那些答案？

众所周知，主要的解释性原理便是所谓"报酬递减规律"，该规律可用以补充狭义价值和交换理论中的主观估价原理。报酬递减规律只不过以另一种方式说明了这样一个事实，即不同生产要素之间的替代是不完全的。如果增加劳动数量而不增加土地数量，产量虽然会增加，但却不会按比例增加。要想获得多一倍的产量，

① 关于这一切，参看施特里格尔先生富有启发意义的论述，见他的《经济范畴与经济组织》，第 85—121 页。

② 参看前面第 1 章，第 3 节。

若不使土地和劳动同时加倍，就得使其中一种生产要素增加一倍以上。这是显而易见的。如果情况不是这样，那么世界上的全部谷物就可以从一英亩土地上生产出来了。这一点也可以从与我们的基本概念密切相关的考虑中推出来。我们可以把一种稀缺的生产要素定义为相互可以完全替代的要素。这就是说，不同种类的生产要素实质上是不能完全相互替代的。所以，报酬递减规律得自于这样一个假设，即稀缺的生产要素不只有一种。[①] 补充性原理是，在一定限度内，报酬会增加，这一原理也同样直接得自这样一个假设，即生产要素相对而言是不可分割的。依据这些原理，再辅之以上述补充性假设（即有关市场的性质和生产的法律框架等的假设），便可以建立一均衡生产理论。[②]

让我们转而讨论较为动态的问题。利润理论（这里利润一词取其在最近的经济理论中所具有的那种范围很狭窄的含义）所分析的，实质上是不确定性对稀缺商品和稀缺生产要素的未来可得性产生的影响。在我们居住的世界上，我们想得到的东西不仅是稀缺的，而且它们究竟何时出现也是叫人拿不准的。在为将来作筹划时，我们不是要在必然发生的事情之间作抉择，而是要在一系列预计的可能性之间作抉择。很显然，这一系列可能性本身的性质会发生变化，由此不仅会产生不同种类的不确定性之间的相对

① 参看罗宾逊：《不完全竞争经济学》，第 330—331 页。我是从多年前与米塞斯教授的一次交谈中学会运用这种表达方式的。但据我所知，是罗宾逊夫人最先在其著作中把问题阐述得如此简洁明了。我认为，是罗宾逊夫人的著作转变了许多怀疑论者的观点，使他们相信了这种根据很简单的假设进行推理的方法是有用处而且有意义的（我们现在讨论的正是这个问题）。

② 例如参看施奈德：《生产理论》，书中各处。

估价问题，而且还会产生不同系列的不确定性之间的相对估价问题。根据这些概念，可推演出经济动态理论中的许多最复杂的命题。[①]

我们由此可以继续向前迈进，说明如何根据存在着间接交换而可推演出对货币的使用，如何根据存在着刚考察过的不确定性而可推演出对货币的需求。[②] 我们可以考察资本和利息理论中的命题，把它们归结为我们讨论的那种基本概念。没有必要进一步讨论下去了。已经考察的这些例子便足以确立我们所寻求的答案。经济理论中的命题，正如所有科学理论中的命题一样，显然都推演自一系列公设。其中的主要公设都在某种程度上涉及无可争辩的简单经验事实，这些经验事实告诉人们货物的稀缺性（这是经济学的研究对象）是如何在现实世界中表现出来的。价值理论的主要公设是，个人可以按某种顺序排列其偏好，而且实际上也正是这样做的。生产理论的主要公设是，有多种生产要素。动态理论的主要公设是，我们拿不准未来的稀缺性。这些公设在现实世界中有其对应物，一旦充分认识到它们的性质，便不容对它们的现实性有什么争论。无需借助于受控制的试验来证实它们的有效性。它们是我们每天经历的事情，只要指出来就会得到承认。其实，危险反倒是，它们太显而易见了，以致深入考察它们，什么有意义的东西也得不到。可实际上，高级分析中的复杂定律最终依赖的正

① 参看奈特：《风险、不确定性和利润》；希克斯："利润理论"（载《经济学》杂志，第31期，第170—190页）。

② 参看米塞斯：《货币理论》，第147至200页；拉文顿，《英国的资本市场》，第29—35页；希克斯："简化货币理论的一条建议"（载《经济学》杂志，1934年，第1—20页）。

是这种公设。正是由于存在着这种公设所假定的那些条件，经济科学中的主要命题才具有普遍的适用性。

3. 经济规律与“历史的相对性”

诚然，如前所述，要把这些命题应用于较为复杂的情况，需要作大量辅助性的假设，例如需要对市场状况、交易人数、法律情况、买卖双方最低的理性程度等等作出假设。由此而得到的推论的一致性，永远取决于其逻辑的一致性。能否用它们解释某一具体情况，取决于该具体情况下是否存在着所假设的那些因素。竞争或垄断理论能否运用于某一具体情况，是个需要加以研究的问题。正像运用自然科学的主要原理时那样，运用经济学原理时也得仔细对研究对象的性质作一番考察。我们并未假设那许许多多种竞争或垄断条件必然永远存在。但是，虽然应该认识到当我们的理论变得愈来愈复杂时，需要作多少辅助性假设，可同样应该认识到，我们所依据的主要假设具有多么广泛的适用范围。前面已指出，无论何时何地，只要存在着产生经济现象的那些条件，我们的主要假设便是适用的。

可以说，作了上述考察之后，我们便可以很容易地看出流行于欧洲大陆的那种观点的荒谬性。这种观点认为，经济法则实质上具有“历史的相对性”，它们只是在某些历史条件下才是有效的，超越了这些历史条件便无法用它们分析社会现象。这种观点是一种危险的误解。只有在完全曲解词义，使人产生完全的误解的情况下，这种观点才表面上讲得通。诚然，要卓有成效地运用较为一般的经济学命题，就得补充以一系列辅助性的假设，这些假设得自于考察具有历史相对性的材料。的确，若不这样做，就会犯严重的错误。但如果说我们的主要假设在这种意义上具有历史的相对性，那就错了。固然，它们依据于经验，它们与现实相关联。但这是普遍性程度极高的经验，与严格意义上的历史相对性假设毫不沾边。没有人会真正怀疑以下假设的普遍适用性，如：存在着相对估价尺度，存在着不同的生产要素，存在着不同程度的未来不确定性，尽管关于它们究竟处于何种逻辑地位的问题尚有争论的余地。而且，无论是谁，只要真正考察过根据这种假设所能得到的那种推论，都不会怀疑依据这种假设从事研究的有用性。只有未认识到这一点而又太关注于辅助性假设的人才会认为，经济学规律要受时间和空间条件的限制，它们纯粹是历史性的，等等。如果这种观点仅仅意味着，我们必须认识到，运用一般分析时要作大量普遍性程度较低的辅助性假设，在运用一般性理论解释某一具体情况时，要先弄清事实，那么这很好，也很有益处。教师看到好学生过分陶醉于纯理论时，会赞同上述观点。甚至可以承认，在这一限度之内，优秀的历史学家对古典学派经济学家所作的批评是有道理的。但是，如果像在著名的方法论大论战中那样，把这种观点解释为，得自于一般分析的主要结论与其具体应用一样适用范围是有限的，政治经济学法则只适用于维多利亚女王统治初期的英国，如此等等，那么这种观点显然就会把人完全引入歧途。在某种意义上也许可以说，所有科学知识都具有历史的相对性。也许在另一星球上，科学知识全都没有用处。但如果是这样的话，就需要创造一新的术语来表示通常所谓的历史相对性。普通经济学的知识也是如此。如果它具有历史的相对性，那就需要创造一个新的术语来

表示我们所谓的具有历史相对性的研究。

毫无疑问，可以这么说，自西尼尔和卡尔尼斯时代以来大多数人对经济学抱有的所谓“正统”观点，是有说服力的。我不明白为什么有人会对此大惊小怪，为什么有人要怀疑这种观点。而且考察一下论战的实际历史会看得很清楚，对古典学派的大多数攻击并非来自于科学界或哲学界。情况有时可能是：敏感的历史学家被一些二流经济学家半生不熟的意见触怒了，更有可能是被一些实业家和政治家复述的他们认为是经济学家的意见触怒了。情况有时可能是：经济学家急于为自己认为是正确而重要的知识作辩护，滥用了哲学术语，由此冒犯了逻辑学家。但总的说来，攻击并不是来自于这些方面。毋宁说攻击是政治性的，来自于别有用心的人——他们如果承认了经济学法则，便会显示出他们遵循的路线是不明智的。新历史学派的大多数领袖人物就正是这种情况，[1]他们是俾斯麦时代攻击国际自由主义的先锋。当今采取同样态度的较小学派情况也是这样。制度学派与历史学派的唯一区别是，历史学派要更加令人感兴趣得多。

4. 经济学与心理学

如果以上论证是正确的，那就正像费特强调指出的，[2]经济分析实际上要解释的，是在各种假设的条件下必须进行选择的含义。

---

① 参照米塞斯：《干预主义批判》，第55—90页。

② 《经济学原理》，第9页和第12—21页。

在理论力学中，我们探究的是，物体所具有的某些特性的含义。在理论经济学中，我们考察的是，存在着可用于不同方面的稀缺手段，这意味着什么。我们已知道，相对估价这一假设是随后全部复杂分析的基础。

时至今日，仍有人认为，相对估价这一概念取决于某些心理学说的正确与否。经济学与其他学科交界之处，是不愿作精确思维的人喜爱的角逐场，近年来在这暧昧不明的领域内，人们花费了大量时间攻击经济科学的心理学假设，据说，心理学发展得很快。因此，如果经济学依赖于某些心理学说的话，那么最紧迫的任务莫过于每隔五年左右便进行一场激烈的论战，因为，既然心理学发生了变化，经济学也就需要"从头到尾重写"。正像人们所预料到的，机会没有被放过。但专业经济学家只顾做令人激动不已的工作，埋首于发现新真理，通常不屑于对上述攻击作出答复，而外行人又总是不愿正视在一个物质匮乏的世界上作选择的含义，情愿懵懵懂懂地相信这类问题尚未得到解决。其实，经济学并不依赖于心理学，正如不依赖于乘法表那样。当然，关于这类问题，贤明人士，尤其是心理学家宁愿暂不作出判断。

不幸的是，过去由于经济学家自己措词不当，常给这些非难以口实。众所周知，现代主观价值理论的某些创立者确实宣称，其主张的最终基础是心理学的快乐主义学说。奥地利学派并不是这样。从一开始，门格尔所列的表格就没有求助于心理学。[1] 庞巴维克明确否认与心理学的快乐主义有任何牵连，甚至还不厌其烦

① 参看门格尔：《经济学原理》，第 1 卷，第 77—152 页。

地尽力消除这种误解。[1] 但是，戈森、杰文斯、埃奇沃斯，乃至他们的英国追随者等一大批有真才实学的经济学家，确实说过那样的话。戈森的《论人类交换规律的发展》确实借助了快乐主义假设。杰文斯在其《政治经济学理论》一书中先是提出了快乐与痛苦的学说，然后才论述效用与交换学说。埃奇沃思在其《数学心理学》的开头一节中声称，“人是快乐机器”。[2] 有人试图证明，边际效用递减规律是韦伯-费克纳规律的一个特例。[3]

但是，把经济学家的实践同其所包含的逻辑和他们事后偶尔作的辩解区别开来，是极端重要的。批评经济科学的人正是未能作这种区分。他们考察起外部装饰来热情有余，但在需要动脑子考察内部结构时却畏首畏尾。他们也不愿费力去了解他们所攻击的理论的最新表述。毫无疑问，这有战略上的好处，因为在这种论战中，真正的误解对有效地舞舌弄唇来说是绝好的刺激；凡了解最新价值理论的人都不会再真正认为，价值理论与心理学的快乐主义有任何实质性关系，或就此而言与任何其他心理学说有牵连。从心理学角度批评经济学的人只要花费点精力做做这些事情，立即就会看出，杰文斯及其追随者的著作虽说带有快乐主义的装饰物，但这种装饰物仅仅是附着在理论的主要结构之上的，这种理论正如在维也纳与其平行发展起来的理论所表明的那样，完全可以不用快乐主义的术语加以表述和辩护。我们已知道，就相对估价

① 参看《资本实证论》，第 4 卷，第 232—246 页。

② 《数学心理学》，第 15 页。

③ 对这一观点的驳斥，参看马克斯·韦伯：“边际效用学说与心理物理学的基本规律”(载《社会科学与社会福利政策文献》，第 29 卷，1909 年)。

尺度这一概念而言，所要假设的仅仅是，不同货物有不同的用途，这些不同用途对于人类行为有不同的意义，以致在给定的情况下，一种用途优于另一种用途，一种货物优于另一种货物。为什么人类这种动物赋予某些东西以这种意义上的价值，我们不讨论这一问题。严格地说，这是心理学家甚或生理学家要讨论的问题。我们作为经济学家所要假设的仅仅是这样一个显而易见的事实，即不同的可能性提供不同的动机，这些动机可以按其强度加以排列。[①] 无疑，根据这一基本概念推演出来的各种定理，可以解释许许多多社会活动，而这些活动却不能用其他方法加以解释。但它们能做到这一点，不是依赖于某种心理学说，而是把心理学研究的事物视为据以推演的资料。在这方面，经济科学的创立者们构造的东西，其应用范围往往要比他们自己所认为的更为广泛。

但由此而出现了这样的问题，这种方法在多大程度上是正当的。根据以上所述应该清楚地看出，虽然分析经济学的命题不依赖于某一心理学说，但毫无疑问，它们确实涉及心理因素，或更确切地说，涉及精神因素。它们有时被称为主观或心理价值理论，实际上就明确承认了这一点；而且，正如我们已经知道的，这一理论的基础显然是一精神事实，即个人的估价。不过，近年来，一方面由于行为主义的影响，另一方面由于人们想尽可能严格地进行分析表述，已出现了主张抛弃这种主观价值理论的呼声。这种观点认为，科学方法要求不考虑所有不能直接观察到的东西。只有当需求表现为可以观察到的市场上的行为时，我们才会考虑需求。

① 这并不意味着可以测度估价，前面第 3 章第 4 节已充分强调了这一点。

我们不能超越这一点。估价是一种主观过程。我们无法观察估价。因而不宜用估价作科学解释。我们构造的理论必须依赖于可观察的资料。譬如,卡塞尔教授就持这种观点,[①]帕累托后期著作[②]中的许多章节也可作这种解释。主要是这样一些经济学家持有这种观点,这些经济学家受行为主义心理学的影响颇深,或者害怕遭受这种邪教鼓吹者的攻击。

乍看起来,这种观点似乎很有道理。自然科学未做的事情,我们也不应去做,这种观点颇具诱惑力。但它是否真有道理,却尚有疑问。我们所要解释的毕竟是人类行为的某些方面。不借助于精神因素能否做到这一点,很成问题。毫无疑问,不管能否满足达到最高严格性的愿望,我们根据内心的体验都确实能够理解选择、无差异、偏好等术语。目的这一概念——这是有关经济行为的最基本概念——不可能仅仅用外部行为来界定。如果我们要解释稀缺的手段与多种目的之间的关系,至少可以说方程式的一半肯定具有精神性质。

只要承认本书提出的有关经济学研究对象的定义,则以上看法就肯定是不容置疑的。但有人会认为,这些看法只不过证明应抛弃那一定义,而代之以另一定义,这一定义只涉及市场价格、交换比率等可以观察的"客观"事物。卡塞尔教授的方法,即著名的"摒除价值论"方法,显然就蕴含有这一观点。

但是,即使我们认定经济学仅仅应该解释诸如价格这样的可

---

① 《社会经济理论》,英文初版,第1卷,第50—51页。

② 尤其是在他的"数理经济学"一文中,收入《数理百科全书》,巴黎,1911年。

以观察的事物，我们仍将发现，除非求助于某些主观性因素或心理性因素，否则实际上不可能解释可以观察的事物。最基本的价格决定过程特别取决于人们对未来价格的预期，这一点一经指出来，便看得很清楚。卡塞尔教授认为，需求函数使我们能抛弃所有主观因素，但需求函数不仅涉及市场上现在流行的或可能流行的价格，而且还涉及人们对全部未来价格的预期。很显然，无法用纯行为主义的方法来观察人们对未来的预期。可是正如奈特教授和其他人所指出的，要想理解经济变化的过程，考虑这种预期是绝对必需的。考虑这种预期对于全面解释竞争性价格是必需的，对于最肤浅地解释垄断性价格也是必不可少的。很容易证明，这种预期乃是整个偏好体系的一部分。[①] 但如果我们认为这一体系可以仅仅考虑可观察的资料，我们便是在欺骗自己。我们怎么能够观察到一个人对未来的预期呢？

因此，如果我们想成为经济学家，想充分解释经济学必然包含的内容，我们就必须把心理因素包括在内。要想进行充分完全的解释，就不能忽略这些因素。实际上，我们在讨论经济学的这一关键问题（经济学是各门社会科学中发展最为充分的科学）时，接触到了社会科学与自然科学的一个最根本的区别。本书不拟探讨这类较深奥的方法论问题。但可以指出，如果这一例子具有代表性——有些人会认为价格理论的研究方法非常接近于自然科学的研究方法——那么，就绝不能把社会科学的研究方法完全等同于

① 例如参看希克斯："均衡与经济状况"（载《国民经济学杂志》，第 4 卷，第 441—455 页）。

自然科学的研究方法。社会科学考察的是人类的行为,而人类的行为从某种意义上说是有目的的。实际上,我们不可能通过观察外部资料来理解选择、手段与目的之间的关系等经济学的主要概念。此种意义上有目的的行为这一概念,不一定最终会导致非决定论,相反却涉及因果解释链条上的一些环节,这些环节是精神的,而不是物质的,因此采用行为主义的方法不一定能观察到它们。承认这一点丝毫也不意味着要抛弃马克斯·韦伯所说的"客观性"。马克斯·韦伯写作他的著名论文时,①心里想的正是这一点。"客观地"(用马克斯·韦伯的话来说,也就是"不牵涉价值地")解释人类行为所要求的只是考虑某些资料,如个人估价,等等,这些资料并非仅仅具有物质性。虽然这些资料本身具有价值判断的性质,但这并不要求对这些资料本身也作出价值判断。它们不是观察者所作的价值判断。与社会科学相关的,不是个人的价值判断在最终的哲学意义上是否正确,而是个人是否作了价值判断,价值判断是不是因果解释链条上必不可少的环节。如果本节的论证是正确的,则对这一问题的回答必然是肯定的。

5. 理性行为假设

接下来的问题是,经济学法则除了依赖于相对估价这一基本假设外,是否还依赖于一更为一般的心理学假设,即人类行为是完

① 马克斯·韦伯:《社会科学的客观性……》。

全合乎理性的。把经济学的内容说成是对货物的合乎理性的配置，这是否正确？[①] 在这种意义上，能否说经济学依赖于另一种更有争论的心理学假设？这是个较为复杂的问题，值得加以讨论，不单因为这个问题本身有意思，而且还因为借此可以说明经济学的一般方法。

由于理性行为这一概念包含有合乎伦理的行为这个意思，而且在日常谈话中也确实有这个意思，因而应该立即指出（随后对此还要作更多的说明），经济分析中丝毫没有这样的意思。我们已知道，经济分析用韦伯的话来说是与价值无牵涉的。经济分析所考虑的价值，仅仅是个人的估价。在更进一步的意义上，个人估价是否为“有价值的”估价，这个问题经济分析不予考虑。若认为“合乎理性”一词有这个意思，则可以说，这个意思并未进入经济分析之中。

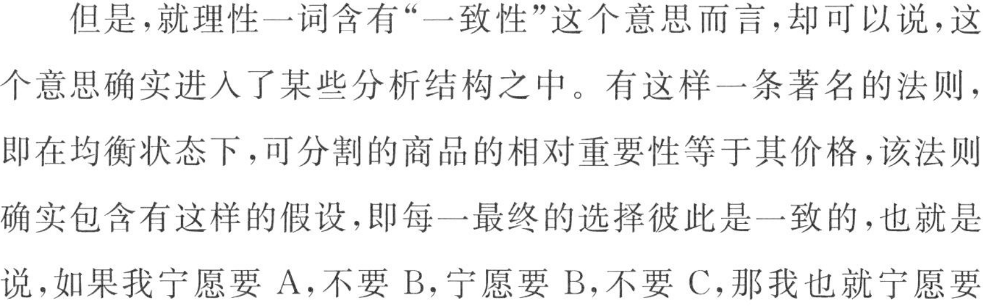

但是，就理性一词含有“一致性”这个意思而言，却可以说，这个意思确实进入了某些分析结构之中。有这样一条著名的法则，即在均衡状态下，可分割的商品的相对重要性等于其价格，该法则确实包含有这样的假设，即每一最终的选择彼此是一致的，也就是说，如果我宁愿要 A，不要 B，宁愿要 B，不要 C，那我也就宁愿要

① 琼·罗宾逊夫人在其令人感兴趣的小册子《经济学是个严肃的题目》中，责备我没有提出这一限制条件。（她使用的词是“明智的”，但我想，她不会不同意我对她的意思作的解释。）实际上，我已用各种措辞对这种建议表示了否定的态度。但我没有明确讨论它，因为怕有人指责我花过多的篇幅讨论枝节问题。我现在意识到这是错误的。下面一小节便试图较为明确地讨论这一问题。但要正确说明这个问题是很难很难的，我绝不敢说我的分析是最终的分析。

A,不要 C;简言之,在完全均衡的状态下,不可能从进一步的“内部套利活动”中获得利益。

而且可以说,从更为广泛的意义上讲,在讨论均衡条件时,把合乎理性视为一致性,是有意义的。各种商品在上面描述的意义上完全一致,也许是不合理性的,因为作这种精确比较所需花费的时间和精力(在有关的经济主体看来)可以更有利地用于其他方面。换言之,“内部套利”可能有机会成本,超越某一点之后,成本便会大于收益。不关心边际效用的边际效用,是自庞巴维克以来鼓吹主观价值论的主要作家所考虑的一个因素。这不是最近的发现。我们可以通过允许各种估价之间有某种程度(或多种程度)的不一致,来从形式上考虑到这一点。

毫无疑问,完全合乎理性这一假设对于这种构造物来说是有意义的。但经济学法则却并不局限于解释行为完全一致的情况。尽管目的不一致,但手段相对于目的而言仍可能是稀缺的。交换、生产、波动——所有这一切都发生在这样一个世界上,在这个世界上,人们并不知道其所作所为的全部含义。既想立即充分满足消费者的需求,又想用关税或其他壁垒阻碍外国货物的进口,这常常是相互矛盾的(从这种意义上说也是不合乎理性的)。可人们却常常这样做,谁又能说经济科学没有能力解释由此出现的情形呢?

当然,在某种意义上可以使用合乎理性这个词,由此而可以认为,人类行为在具有经济意义之前至少在某种程度上是合乎理性的,也就是说是“有目的的”。我们已知道,可以说,如果认为行为是没有目的的，那么经济学所研究的手段与目的之间的关系就没有意义了。因此，如果没有有目的的行为，便可以说没有经济现象。[①] 但这样讲，至少并不是说一切有目的的行为都完全没有矛盾。固然可以说，有目的的行为的自觉程度愈高，其矛盾也就愈少。但这并不是说必须从一开始就假设人类行为总是没有矛盾的，也不是说经济学法则所涉及的仅仅是矛盾已经得到解决的那一小部分人类行为。

当然，事实是，完全合乎理性（即完全没有矛盾）的假设，只不过是许多心理学假设当中的一个，这些以不同程度接近于现实的假设被引入了经济分析之中。类似的假设还有，有时为了方便，假设人们能完全预知未来。作这些假设，不是为了使人相信现实世界与这些假设所构造的世界相一致，而是为了使我们能够孤立地研究各种倾向（这些倾向在现实世界中是与其他许多倾向共同起作用的），然后通过对照比较，利用由此获得的知识解释较为复杂的情况。在这方面，至少纯经济学的研究方法与一切已超越了收集和划分材料阶段的自然科学，是相似的。

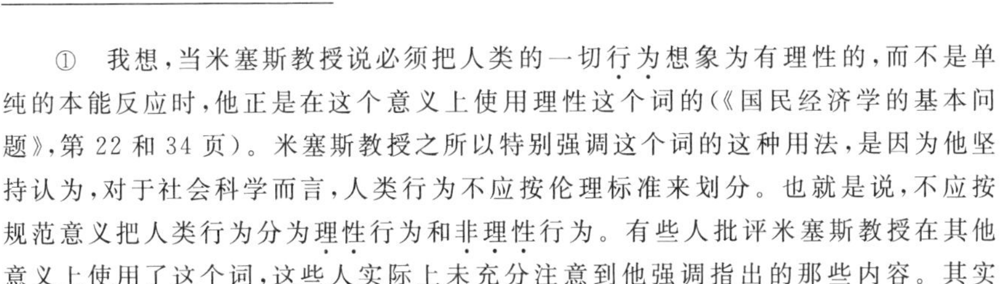

① 我想，当米塞斯教授说必须把人类的一切行为想象为有理性的，而不是单纯的本能反应时，他正是在这个意义上使用理性这个词的（《国民经济学的基本问题》，第 22 和 34 页）。米塞斯教授之所以特别强调这个词的这种用法，是因为他坚持认为，对于社会科学而言，人类行为不应按伦理标准来划分。也就是说，不应按规范意义把人类行为分为理性行为和非理性行为。有些人批评米塞斯教授在其他意义上使用了这个词，这些人实际上未充分注意到他强调指出的那些内容。其实没有理由认为，《干预主义批判》一书的作者未注意到人类行为可能是非理性的（即矛盾的）。

6. 经济人的神话

作了上述考察之后，我们还可以讨论一下人们经常重复的一种指责。人们常指责经济学假设世界是由经济人构成的，而经济人只知道赚钱和为自己谋利益。虽然这种指责令称职的经济学家感到荒唐透顶，哭笑不得，可还是值得进一步考察一下它。尽管这种指责是错误的，可是纯经济分析中却有某种表述方式，若对其不加以详尽解释，确实会招致这种责难。

由以上所述可以十分清楚地看出，认为经济学家所想象的世界完全由利己主义者或“快乐机器”所构成，这是极其荒谬的。经济分析的基本概念是相对估价这一概念。而且我们已知道，虽然我们假设不同的货物在不同的边际有不同的价值，但我们并不认为经济学家应该解释为什么会有不同的估价。我们把不同的估价视为既成事实。对经济学家而言，经济主体可能是纯粹的利己主义者，可能是纯粹的利他主义者，可能是纯粹的禁欲主义者，可能是纯粹的纵欲主义者，更有可能是这一切的混合体。相对估价尺度仅仅是一种便利的形式或方法，用以展示人之所以为人的某些永久特征。不承认相对估价的极端重要性，便是不理解 60 年来经济科学的意义。

决定具体交易的估价，其复杂程度可能是不同的。购买面包时，我也许只拿面包同我可能购买的其他东西相比较。但我可能还关心某一面包商的幸福。我同他可能有某种感情，因而宁愿从他那里买面包，也不愿从售价较低的其他面包商那里买面包。同样，我出卖自己的劳动或出租自己的财产时，可能只关心由此而换得的东西；但也可能还在乎从事什么样的劳动，在乎把自己的财产出租给不同行业带来的荣辱毁誉。

我们的相对估价尺度概念，考虑到了所有这些事情。而且描述经济均衡的那些法则，其表述方式鲜明地突出了这一点。自亚当·斯密时代以来，经济系的每个一年级大学生都知道如何描述不同等级的劳动分布的均衡趋势，这种均衡趋势是以不同方式趋向于净利益的最大化，而不是趋向于货币收益的最大化。[1] 我们已知道，风险理论及其对资本市场的影响，实质上也依赖于这类假设。但有时为了说明起来方便，可以从最为近似的情况着手，即假设人们只进行很简单的估价，一方是想得到或供出售的东西，另一方是为换得这种东西而必须放弃的货币。为了说明某些复杂的命题，例如成本理论或边际生产率理论，可以节省使用词语。在适当的阶段取消这些假设，而进行完全一般性的分析，是毫不困难的。

因此，隐藏在经济人背后的仅仅是，我们有时假设，在某些交换关系中，可以说一切手段在一边，一切目的在另一边。譬如，若

---

① 参看坎梯隆：《商业性质概论》（希格斯版），第 21 页；亚当·斯密：《国富论》，第 1 卷，第 10 章；西尼尔：《政治经济学大纲》，第 200—216 页；麦克库洛克：《政治经济学原理》，第 364—378 页；J. S. 穆勒：《政治经济学原理》，第 5 版，第 1 卷，第 460—483 页；马歇尔：《原理》，第 8 版，第 546—558 页；这几个例子代表的是较顽固的英国传统；这种学说的最新形式，请参看威克斯蒂德：《政治经济学常识》，第一编各处。

想说明在什么情况下在有限的市场上将只出现一种价格，我们可以假设我在那个市场上做交易时，永远从售价最低的卖主那里买东西，而不假设我还必然受利己主义动机的驱使。相反，众所周知，当受托人不享有较复杂的关系，而只力图为所管理的财产获得最优的条件时，所假设的非人格关系便会以最纯粹的形式表现出来。只有所谓实业家才具有复杂细腻的感情。也就是说，我与商人的关系同我的分级目的系统毫不相干。就我（我可能代表我自己，代表我的朋友，代表市政当局，代表慈善机构）而言，我仅仅把他们视为手段。或者，如果假设——为了通过比较来表明在均衡状态下会产生什么样的总影响，实际上常作这种假设——我总是把自己的劳动卖给出价最高的人，那并非假设货币和私利是我最终的目的——我或许是完全在为某一慈善机构工作，而只是假设，就这种交易而言，我的劳动仅仅是达到目的的一种手段；不应把我的劳动本身视为一种目的。

如果大家都知道这一点，如果人们普遍认识到“经济人”只是一种表述手段——一种粗略的近似之物，非常小心谨慎地运用于论证的某一阶段，但随着论证的发展，既不再需要运用这类假设，也完全不需要用它来为论证方法作辩护——那它就不会成为一个无所不在的怪物。可实际上人们却普遍认为，经济人具有较广泛的意义，经济人隐藏在“供求规律”的背后，或更确切地说隐藏在比较静态理论的背后，而这种理论的表述方式，却使人感到不可能两者兼而有之。正是由于这一原因，经济人遭到了猛烈抨击。假如是经济人闩上了蓬莱仙境的大门，那么也许运用少许心理学(究竟运用什么牌子的心理学,倒无关紧要),就可以把门打开。深刻洞察与揭示人类的动机,是何等的荣耀,何等的风光!

不幸的是,这种看法纯粹是误解。变动理论中的诸命题并不包含有这样的假设,即人类行为只受货币得失的驱使。所包含的仅仅是这样的假设,即货币在给定替换物的估价中起着某种作用。那些命题只不过表明,如果货币这种刺激物偏离某一均衡位置,则这必然会改变均衡估价。不可以认为货币在我们所讨论的情形中发挥着最主要的作用。只要货币发挥某种作用,那些命题也就是可以运用的。

举个简单的例子,便可以很清楚地说明这一点。让我们假设,国家对生产某种物品给予少量奖励金,而这种物品是在自由竞争条件下生产的。根据大家熟知的定理,这会使该商品的产量增加,增加幅度取决于需求弹性(在此我们不必讨论需求弹性问题)。那么,这一法则依据的是什么呢?依据的是生产者仅仅受货币得失的驱使这一假设吗?根本不是。我们可以假设他们要考虑所有“其他有利条件和不利条件”,坎梯隆和亚当·斯密已使我们熟知了这些有利条件和不利条件。但是,如果我们假设在给予奖励金之前经济处于均衡状态,那我们就必须假设,建立奖励金制度必然会搅乱均衡状态。给予奖励金意味着降低该行业获取实际收入的条件。而一最本的经济学命题是,价格下降,需求便会增加。

也许应说明,对这一结论需作一限定。情况很可能是,如果价格变化的幅度很小，或许根本不会发生初级变动。[①] 这是否与我们的理论相矛盾？一点儿也不矛盾。相对估价尺度这一概念并未假设，与实际估价相关的事物的每一实物单位，都必然会对人类行为产生影响。在假设存在分层替换物时，我们并未忽略这样一个事实，即价格变化要产生影响，必须达到某一可感觉到的最低限度。[②] 一便士或两便士的价格变化，不会影响某一经济主体的习惯。但这并不是说一先令的变化仍不会产生影响。也不是说，在资金有限的情况下，花费在某种物品上的资金增加或减少，绝不会影响支出的分配，纵然直接遭受影响的这种商品的需求量保持不变。

7. 静力学与动力学

根据以上所述，经济分析的性质已昭然若揭。经济分析由得自于一系列假设的推论构成。其中主要的假设，涉及的是与人类经济活动有关的几乎普遍的经验事实；其余的假设则没有那么广泛的普遍意义，涉及的只是经济理论所要解释的某些情形或各种情形的一般特征。

但有人认为，这种经济分析从本质上说是静态的，只是描述了最终的均衡状态，而根本未涉及情况的变化。既然现实世界并不

① 所谓初级变动，指的是有关商品的生产发生变动；所谓次级变动，指的是其他商品的生产支出扩大或缩减。正如后面的论证所表明的，发生次级变动几乎是不可避免的。

② 参照威克斯蒂德，前引书，第2编，第1、2章。

处于均衡状态，而是处于不断变化的过程之中，因而这种经济分析没有什么解释价值。这种看法显然流传得很广，需加以进一步考察。

毫无疑问，经济分析的基本命题描述的是静态均衡。我们开始时考察的，虽说不像在静力学（经济学的这一部分，其名称有时就仿效物理学的这一分支）中那样是完全静止的状态，但所考察的确实是这样一种状态，在这种状态中，各种活动之“流”不发生变化，或只是周期性地发生变化。[①] 譬如，我们可以考察供求的基本条件不每天发生变化的简单市场情况，探究每天的交换数量在什么条件下保持不变，尽管交易各方可以自由改变成交条件。或者，我们可以考察这样的情况，即生产在进行，但基本的生产条件——即经济主体的估价、生产的技术可能性以及生产要素的最终供给——不发生变化，并可以探究产量在什么条件下不发生变化，等等。在此没有必要列出可以探究的全部问题。翻开任何一本论述较严密的经济学教科书，比如维克塞尔的《政治经济学讲义》，或瓦尔拉斯的《纯粹经济学要义》，都可以看到这方面的大量实例。

但若认为我们的考察只限于这些基本的初步情况，那就大错而特错了。一旦我们详尽考察了不变流量的各种情况，从而通过

① 关于静态学与动态学的关系，苏特教授发表了一些令人感兴趣的看法，参见他的《相对论经济学引论》，第 11—13 页。他似乎认为，那些运用静止均衡概念的人，忽略了在静止均衡状态下发生周期性变化的可能性。我要冒昧地说，这是一种误解。他们实际上考虑到了这种变化。熊彼特教授在其《经济发展理论》一书的第一章中描述静止的社会时，并未假设一年到头都收获谷物。哈耶克教授在其“异时均衡体系”一文（载《世界经济文献》第 28 卷第 33—76 页）中，非常仔细地考察了异时均衡这一概念的特殊含义。

比较了解了这些流量在什么条件会发生变化，我们便可以向前推进我们的研究工作，考察各种变动。

我们可以从两方面着手。首先，我们可以假设条件有少许变化，对各种均衡状态加以比较。譬如，我们可以假设开征某种新税，技术得到了革新，人们的嗜好发生了变化，等等。我们可以试图弄清一种均衡状态在哪些方面不同于另一种均衡状态。所谓古典分析，尽管作为对最终均衡状态的描述来说是不完善的，但却对这种差异作了大量有用的比较。经济理论的这一部分有时被称为比较静态理论。[①]

但我们可以超越这一点。我们不仅可以假定变动已给定，对两种最终的均衡状态加以比较，而且还可以假定一种非均衡状态，尽力探索一经济体系的各组成部分所实际经历的变化过程。这当然就是马歇尔的"时期"分析的意义所在。银行和货币理论的许多最重要内容也属于这种分析。在这样做时，我们并未假设必然会达到最终的均衡。我们只是假设，在经济体系的不同组成部分有某些趋向在起作用，试图依照某些基准点恢复均衡。但我们并没有假设这些趋向的综合效果必然会导致均衡。可以很容易地想象，基本条件的初始状态从总体上说不是趋于导向均衡，而是趋于导向累积性的摆动。[②]

---

① 我认为，这个词组是施凯姆博士发明的。参看他的《比较静态学》(载《国民经济学杂志》，第 2 卷，第 27—61 页)。但如前所述，这种研究方法则可追溯到古典派经济学家的时代。

② 参看罗森斯坦-罗丹博士的那篇富有启发意义的文章：《时间在经济理论中的作用》(载《经济学》杂志，新序列，第 1 卷，第 77 页)。

正如熟悉经济分析方法的人所明了的，在所有这些方面，我们所掌握的基本静态学知识，都是最为根本性的知识。[①] 我们可以通过比较均衡的细微差异，通过比较不同均衡趋向的影响来考察变化；很难看出还有别的什么方法可供采用。但同样明显的是，我们研究静态问题本身并不是目的，而是为了用静态问题解释变化。固然，经济静态学中的某些命题本身是有意义的，重要的。但可以毫不夸张地说，它们的主要意义在于进而应用于

① 在这方面，苏特教授完全误解了我对马歇尔的态度，无疑是我的粗糙表述造成的。我曾经大胆地说，静止状态作为一件分析工具，要优于静态方法（《论静止均衡状态概念的一个模糊不清之处》，载《经济学杂志》，第11卷，第194页）。但我并不是说，分析静止状态本身便是目的，并不是说马歇尔花大力气所作的那种动态考察是多余的。我最为真诚地同意苏特教授在这方面给予马歇尔的崇高评价。在许多方面，我们现在只是在艰难地收复马歇尔三十年前已经征服的地盘。正如前面强调指出的，我完全同意，静态研究存在的理由是解释动态变化。就苏特教授猛烈抨击的那些语句来说，我的意思仅仅是，我们着手进行动态研究时，若充分了解静止均衡状态的全部含义，而不是仅仅掌握有关局部均衡状态的知识，那我们的研究会有更坚实的基础。尽管我认为，马歇尔有时忽略了后来的研究所揭示的一些因素，可我同意，说马歇尔完全不知道错综复杂的相互依存关系，是错误的，而且我倾向于认为，要想研究多种变化，我们就必须像马歇尔那样，依据各种可能性极小的相互依存关系进行抽象的概括。但我确实认为，研究动态问题时，应该先明确认识到并说明所有这些困难，而不是径直探讨动态问题，让读者凭直觉自己提供全部静态学的基础知识。我认为，若马歇尔不是把其研究方法的所有假设视为读者不堪忍受的负担，而是严格表述这些假设，则经济学会得到更快的发展，持这种看法丝毫不会减损一切有识之士对马歇尔的尊崇；由于马歇尔没有这样做，我们不得不重新弄清楚许许多多他认为不值得明确说明的东西。无疑，即便就这一点而言，也是仁者见仁，智者见智。马歇尔是想让那些搞实务的能人读懂他的著作，而这些精明强干的人不会耐着性子看严格精确的分析，马歇尔的这种愿望很容易理解；而且至少教师也得感激马歇尔提供了这样一部著作，使初学者不致被简单的数学所迷惑。但凯恩斯先生认为，马歇尔没有发表更多的像《国际和国内价值纯理论论文集》那样的专著，是件憾事，我们不能不同意这种观点。难道苏特教授真会不同意吗？

经济动态学。我们研究有关“静止”的规律，是为了弄清有关变化的规律。

但由此而产生了以下问题：我们难道就不能超越这一切吗？上述动态分析是否只限于研究基本条件的给定变化造成的结果或非均衡状态造成的结果？我们难道就不能超越这一切，解释基本条件本身的变化吗？这些问题在下一章中论述较为方便。

第五章　经济学法则与现实

1. 作为科学的经济学

科学法则的一个特征，是它们与现实相关联。无论它们表现为假设的形式还是表现为范畴的形式，它们都不同于纯逻辑和数学的命题。从某种意义上说，它们是与存在的事物或可能存在的事物相关联，而不是与纯粹的形式关系相关联。

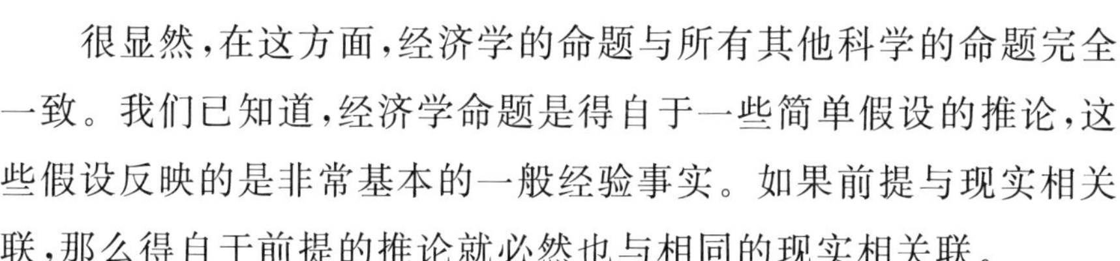

很显然，在这方面，经济学的命题与所有其他科学的命题完全一致。我们已知道，经济学命题是得自于一些简单假设的推论，这些假设反映的是非常基本的一般经验事实。如果前提与现实相关联，那么得自于前提的推论就必然也与相同的现实相关联。

所以，批评经济学的人常发表的那种认为经济学仅仅是形式推论的体系、与现实毫无必然关系的看法，完全是一种误解。可以承认，经济学推论所依据的事实知识，在一些重要方面不同于自然科学推论所依据的事实知识。还可以承认，由于这一原因，经济科学的方法——而并非检验其逻辑一致性的标准——常不同于自然科学的方法。但绝不能由此而认为，经济学法则享有“纯形式的”地位，是依据任意确立的定义所作的“经院式”推论。其实，与此相反，经济学法则与现实的关系要比自然科学与现实的关系更加不容怀疑。我们已知道，经济学基本法则的最终构成要素，是我们所直接了解的。而自然科学基本法则的最终构成要素，则仅仅是根据推论而得知的。因此，同电子这一假定在现实中的对应物相比，更加不容人们怀疑的倒是个人偏好这一假定在现实中的对应物。[①] 不错，我们根据各种定义作了大量推演，可这些定义并不是任意作出的。

因此，认为经济学家(不管他的“纯粹”程度如何)只进行纯粹的演绎推理，也是完全错误的。毫无疑问，经济学家的大量工作是进行精细的推理。但如果认为这是经济学家的唯一工作或主要工作，那就大错特错了。经济学家的工作是解释现实。从事发现工作，不仅仅是要说明已知的前提，而且还要发觉这些前提所依据的事实。在普通经验中发现可借以进行演绎推理的要素，同根据旧前提得出新推论完全一样，也是经济发现。我们知道，近来人们依据一些非常简单的前提进行精细的推论，发展了价值理论。但是，开创这一进步时代的伟大发现却是门格尔革命，门格尔革命发现了这些前提本身。我们讨论过的经济学的其他基础，也是如此。发现并确立经济分析的基础，同分析工作本身一样，也属于经济学范畴。其实正是前者赋予了经济分析以意义。

2. 供给与需求的统计“规律”

同时必须承认，至此确立的命题都是非常一般性的命题。如果某种货物是稀缺的，我们便知道，其配置必然符合某些规律。如

---

① 参看卡尔尼斯对这一问题所作的经典论述，见他的《政治经济学的性质和逻辑方法》，第2版，第81—99页。并参看哈耶克：《集体主义的经济计划》，第8—12页。

果其需求表有某种顺序，我们便知道，随着供给的变化，其价格也必然以某种方式变化。但是，正如我们已经发现的，[①]在稀缺性这一概念中并没有任何东西使我们有理由把这一概念赋予某种货物。我们的演绎并未提供什么正当理由使我们可以说，鱼子酱是经济货物，腐肉具有负效用，更没有展示人们在多大程度上想得到鱼子酱，或在多大程度上想丢掉腐肉。从纯经济学的观点看，这些事情一方面受个人估价的制约，另一方面受已知技术条件的制约。用施特里格尔意味深长的话来说，从经济分析的观点看，这些事情是经济学领域中的非理性因素。[②]

但是，难道我们就不想超越这些限制吗？难道我们就不想赋予相对估价尺度以数值，不想建立定量的供求规律吗？由此而以略微不同的形式提出了我们在上一章结尾处来作回答的一些问题。

毫无疑问，这种知识是有用的。但稍微思考一下，便看得很清楚，我们正在进入这样一个研究领域，在这个研究领域中，没有理由认为可以发现一致性。致使不同的时刻流行不同的最终估价的“原因”，从性质上说是异质的，没有理由认为，由此而得到的结果会在不同的时间和空间展示有意义的一致性。无疑，在某种意义上可以认为，总体中的每一随机样本都是确定原因的结果。但却没有理由认为，研究许多随机样本中的一个随机样本会得出有意

① 参看上面第2章，第1、2、3节。

② 施特里格尔，前引书，第18页。

义的法则。因为这不是科学的研究方法。然而，有人却希望凭借这种方法或与此非常类似的方法，赋予经济分析中的形式范畴以具有永久价值的实际内容。①

举个简单的例子，便可说明这一点。让我们以对鲱鱼的需求为例。假设我们接到命令，要我们把鲱鱼的价格定得低于现行市场价格。假设我们能够说，“根据布兰克 1907—1908 年的研究，普通鲱鱼的需求弹性为 1.3；因而预料这一定价命令会使需求超过供给两百万桶。”假若能讲这番话，叫人心里多么痛快！我们相对于自然科学家而言多少受到了损害的自尊心，由此会得到多么大的抚慰！会给大企业留下多么深刻的印象！会令多少公众为之而倾倒！

但是，我们能获得这种令人羡慕的地位吗？让我们假设，布兰克于 1907 至 1908 年成功地查清，在该年给定的价格变化下，鲱鱼的需求弹性为 1.3。作这种粗略的计算实际上并不很难，计算结果也许在某些方面很有用处。但是否有理由认为布兰克发现了一条不变的规律？无疑，鲱鱼能满足某种生理需要，这种生理需要可以相当精确地加以描述，尽管鲱鱼并不是能满足这种需要的唯一食物。然而，对鲱鱼的需求并非仅仅取决于生理需要。可以说，这种需求是许许多多自变量的函数，是时尚的函数，所谓时尚，其含义要比发动一场“食英国鲱鱼”运动所产生的短暂影响广泛。进入

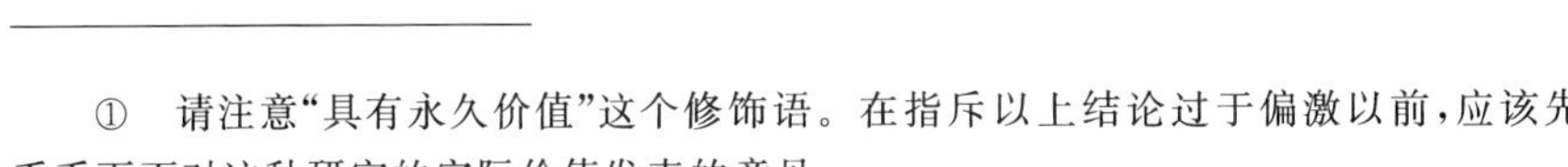

① 请注意“具有永久价值”这个修饰语。在指斥以上结论过于偏激以前，应该先看看下面对这种研究的实际价值发表的意见。

市场的经济主体如果神学观点发生变化，也会大大改变对鲱鱼的需求。这种需求是其他食品可得性的函数，是人口数量和质量的函数，是收入分配的函数，是货币数量变化的函数。运输路线的变化会改变这种需求的范围。烹调技术的改进会改变对鲱鱼的相对需要程度。在这种情况下，是否还有理由认为，通过观察特定时间和地点的某一鲱鱼市场而得到的系数具有永久性意义(除了在经济史中)？

当然，借助于各种手段，可以把观察范围扩展到几个时期。我们可以不观察几日内的鲱鱼市场，而收集数年内价格变化和供求变化的统计数字，并可以根据季节变动、人口变化等对这些统计数字作明智的“修正”，由此推演出代表该时期平均弹性的数字。在一定范围内，这种计算结果是有用处的，可利用它们方便地描述该历史时期内起作用的各种力量。正如稍后将看到的，可利用它们来预知不久的将来可能发生的事情。如果我们想充分利用更精巧的经济分析工具，确实必须粗略了解特定市场的需求弹性。但我们无权把它们视为不变的规律。无论它们多么精确地描述了过去，我们都没有理由认为它们仍将描述未来。事情过去恰好如此，未来短时期内可能仍将如此。但却没有理由认为，过去的这种状况是同质原因作用的结果，也没有理由认为，未来的变化可归因于过去起作用的原因。假如我们想推进有关鲱鱼需求的研究，我们决不应幻想可以依赖可怜的布兰克于1907—1908年所作的研究。我们应根据最近的资料重打鼓，另开张。这种研究虽然很重要——不应认为，这里关于它们的方法论地位所说的一切，贬损了

其巨大的实用价值——但却没有理由宣称其研究结果享有自然科学中所谓“统计”规律的地位。[1]

然而,有人会说,这种研究结果与上章所说明的经济学的主要法则所依据的假设之间的区别,难道不仅仅是程度上的区别而不是性质上的区别吗?前面说过,假如没有等级不同的目的,假如不同的目的具有相同的重要性,则行为的结果便是完全不确定的,价值理论中最基本的法则便不再成立。谁都不能担保不发生这种情况。存在使这些法则成立的条件,只是个或然性问题。同样,在分析上可以证明,可以想象出这样一些情况,在这些情况下,需求曲线可以有正斜率。假如经常出现这种情况,则经济理论中许多最基本的法则便不再成立。不经常出现这种情况,也仅仅是个或然性问题。那么,这一假设与鲱鱼的需求弹性为1.3的假设究竟在性质上有何区别呢?

这一论点很有分量。可以直率地承认,在这种意义上,上述区别是程度上的区别,而不是性质上的区别。但也确实可以回答说,这种程度上的区别非常巨大,以致可视为性质上的区别。也许有这样的情况,即估价非常特殊,以致行为是不确定的。但出现这种情况的可能性微乎其微,可以忽略不计。需求函数并非毫无可能为正数,但这极有可能不是通则,而是例外。另一方面,当我们讨论特定产品的估价和由此得到的需求弹性时,由于前面说明的原因,确实有极大的或然性不能指望它们保持不变。在这里,历史的

① 关于上面所讨论的问题,在哈尔贝施塔特的《经济学原理质疑》一书中可见到令人非常感兴趣的见解。

相对性的确起着极大作用。我们能按某种顺序排列我们的偏好这一事实，要比任何个人的实际瞬时偏好顺序具有大得多的一般性，以致我们确实有理由认为它们至少在经济学领域内具有地位上的差别。而且，虽然可以说人们将来会做许多有价值的工作来确定这些瞬时的估价，但如果要保持一种比例感的话，较为重要的似乎是认识到它们的局限性，而不是强调它们与经济学的广泛定性基础的相似性。这也许是自然科学与社会科学在方法论上的另一区别。在自然科学中，从量过渡到质是很容易的，也是不可避免的。但在社会科学中，由于前面说明的那些原因，这种过渡在某些方面几乎是不可能的，并总是伴随着危险与困难。由已经发生的事情可以看得很清楚，强调社会科学与自然科学的不同比强调它们的相似，造成的危害要少一些。

3. 制度学派的“数量经济学”

以上所述如果适用于力图为需求函数和供给函数等基本概念提供确定数值的尝试，那也就更加适用于力图为价格波动、成本离散、经济周期等较为复杂的现象建立“具体”规律的尝试。最近十年，在制度主义、“数量经济学”、“动态经济学”等名称之下，这类尝试大量涌现；[①]可这种研究大都从一开始就注定是徒劳无益的，还不如不研究。在显然不能认为不同种类的同质原则在起作用的地方，现代数理统计学的基础率概论，并没有提供求平均数的正当依

① 关于本节讨论的问题，与马克卢普博士的交谈使我受益良多。

据。可这却是上述许多研究通常采用的方法。它们仔细考察各种趋向的相关性，力求建立“定量规律”，而影响这些趋向的因素从性质上是根本不同的。它们试图为发生在完全不同的时间和空间条件下的现象求平均数，并希望所得的结果具有意义。譬如，韦斯利·米契尔教授的《经济周期》一书[①]（对于该书收集的大量资料，经济学家们当然应该表示感谢），先是对十八世纪末以来各国的经济周期作了一番长长的、有价值的叙述，随后便求出了所有经济周期的平均持续时间，并采用戴维斯方法根据166个观测值的频率分布拟合了一条对数正态曲线。这种运算究竟能有什么意义呢？他所观察的经济周期在时间、空间和经济活动的制度框架等方面存在巨大差异。如果说把它们放在一起有什么意义的话，那肯定是进行**对照比较**。可是米契尔教授虽然总是不厌其烦地贬损正统分析的方法与结果，但却显然认为，他把这些经济周期放在一起，根据它们的频率分布拟合出一条高度复杂的曲线，是在建造某种有意义的东西——某种要比那一条条直线和曲线更有意义的东西，这些直线和曲线竟占了这部著名著作一半的篇幅。[②] 其实，他

① 关于下面讨论的制度主义，应参考韦斯利·米契尔的论文《经济学展望》，载于《经济学的发展趋势》一书（特格韦尔编）。关于制度学派的一般主张，参看莫根施特恩：《评美国制度学派难以解决的问题》，载于《纪念普拉托经济学史与经济学说评论集》，都灵，1931年；费特：《当代经济理论》，第1卷，第31—60页。并参看已故的阿林·杨教授对《经济学的发展趋势》一书所作的评论，重印于他的《新旧经济问题》，第232—260页。

② 关于这一点，参看莫根施特恩："各国间市况调查的比较"（载《国家科学杂志》，第58卷，第261页）。米契尔教授在其著作的第2版添加了一长长的脚注，试图以此反驳莫根施特恩的非难，但在我看来，他只是承认他有关中国的观察仅限于沿海城市（！），除此之外便一再强调，"观察结果分布于中心趋势的四周，是件具有重大历史意义的事情"（《经济周期》，第2版，第420页）。

的所作所为最辛辣地讽刺了“数量经济学”的方法论，而这正是数量经济学的批评者想要做的。

我们无需停下来讨论这类宏伟计划是如何一个个落空的。不管它们最近多么流行，它们毕竟不是什么新东西，一场运动若总是乞灵于实用逻辑，我们最好也用实用标准对其作出判断。大约一百年前，理查德·琼斯在其伦敦大学国王学院的就职演说中，[①]敲响了反抗李嘉图经济学“形式抽象方法”的钟声，他的论点如果表述得更加清楚，同那些鼓吹归纳方法的人自从那时以来表述的观点，或多或少是相似的。随着时间的流逝，这些“反抗者”成了一群极受人尊敬的大权威，成了傲慢武断的大学教授，成了荣幸地收到德皇信函的人，成了耗资巨大的研究院的指导者……。过去有历史学派，现在有制度学派。完全可以说，直至二次大战结束，除了一两所大学外，这种观点在德国的所有大学都占统治地位；而且近年来，这种观点在美国即使不占优势，也拥有广大的势力范围。然而，他们的努力却未产生一条名副其实的“规律”，也没有产生一条具有永久正确性的数量法则。他们只是提供了一定数量的统计材料，出版了许多论述特定历史情形的有用专著，但却未提出一条“具体规律”，未发现一种基本一致的“经济行为”——将现代统计方法应用于经济研究的所有真正令人感兴趣的工作，没有一件是由制度学派完成的，而全都是由擅长复杂的“正统”理论分析的人

① 理查德·琼斯：《著作集》，第 21 和 22 页。这种对比对于琼斯来说是很不公平的，他对李嘉图体系的批评，有些颇有道理。现代“数量经济学”的真正先驱是乔赛亚·蔡尔德爵士，他试图证明，低利率与巨额财富的共存表明后者是前者的原因。

完成的。在这一百年的末尾，发生了历史上最大的经济萧条，但制度学派对此却束手无策，提不出有用的见解——他们因此也就失势了。① 与此同时，一些独立不倚的思想家却利用演绎方法，大大发展了经济波动理论，以致能大致解释最近几年的灾难，而且似乎要不了几年工夫就有可能完全破解不景气之谜。

4. 经验研究的作用

但是，关于那种较为详尽细致的实际研究，我们的看法如何呢？前面说明了稀缺性这一事实的永久性、生产要素的多样性、对未来的无知以及经济理论中的另一些定性假设，那么，经济学家是否就没有义务维持与现实的进一步接触了呢？

显而易见，回答是否定的。这一否定的回答蕴含在所有那些自亚当·斯密和坎梯隆以来对经济学的发展作出了最大贡献的经济学家的实践中。拥护所谓正统传统的人从未反对过实际研究。正如门格尔多年前在有关方法论的论战进行得最激烈的时候指出的，②分析学派在这场论战中从来不是攻击者。经济学并不是一门先要无休止地讨论方法问题，然后才能交货的社会科学；假如没有历史学派的话，也就不会有方法论争论，而只会争论某些命题的地位。“正统派”的研究方法实质上一向是兼容并蓄的。攻击，

① 历史学派在德国丧失信誉，主要是因为其成员未能推测到战时和战后的通货不稳定。“数理经济学”完全未能推测或预测到大萧条，可能也会引起人们态度的急剧转变。确实很难想象有比这更全面、更触目的暴露。

② 《历史主义的谬误》，前言，第3—4页。

排除异己的企图一向来自于另一方。分析学派一向承认实际研究的重要意义，并对实际调查研究方法的发展作出了许多贡献。其实众所周知，最重要的实际研究工作，并不是由这个或那个对在经济学中应用基本的思维规律表示怀疑的“反叛”集团完成的，反而恰恰是由那些遭受猛烈攻击的人完成的。在应用经济学史上，杰文斯、门格尔、鲍利等人的著作，远比施穆勒、凡勃伦、汉密尔顿等人的著作，更值得我们注意。这绝非偶然。只有那些牢牢把握分析原理，知道从实际研究工作中能正当期望得到什么东西和不能正当期望得到什么东西的人，才能卓有成效地进行这种工作。

但这方面的正当期望是什么呢？我们可以把它们分为三类。

首先，显而易见，实际研究可以检验不同种类的理论能否应用于不同的具体情况。我们已知道，一种理论的有效性，取决于该理论是否得自于根据它的一般假设所作的符合逻辑的推论。但它能否应用于某一具体情况，却取决于它包含的各种概念究竟在多大程度上反映该情况下起作用的各种力量。稀缺性的具体表现形式是多种多样且变动不居的；因而除非经常检验用来描述它们的词语，否则很有可能误解某一特定原理的应用范围。

举个简单的例子，便可说明这一点。依照纯货币理论，如果流通货币量增加而其他条件保持不变，则货币的价值必然下降。这一命题可根据这门科学中最基本的经验事实推演出来，其真实性不依赖于进一步的归纳检验。它能否应用于某一情况，取决于对货币一词的正确理解；而这只有重新参照事实才能决定。“货币”一词的具体含义经过一段时间很可能发生了变化。因此，如果保留货币这个词，用其原意解释新情况，我们就会陷入严重的误解，甚至可以断言货币理论是错误的。众所周知，在经济理论史上一再发生这种事情。通货学派的银行与兑换理论虽然在其他方面远远优于其反对者的理论，可却未能得到人们的永久性承认，其原因显然是该学派未认识到应把“银行信用”包含在其货币概念中。只有不断仔细研究全部经常变化不定的事实，[①]才能避免这样的误解。

其次，与实际研究的上述第一种作用紧密相联系，实际研究可向我们提示辅助性假设，上一章已讨论了辅助性假设在分析结构中的作用。通过考察不同领域的经济活动，可发现适合作进一步分析研究的资料。

我们还是从货币理论中举一个例子。看一下发行银行的实际做法，就会明白，增加一定数量的贵金属储备对最广泛意义上的货币供应量产生的影响，取决于有关储备金要求的法律和惯例究竟具有什么样的性质。所以，全面表述货币理论时必须引入可供选择的假设，要考虑到这方面可能发生的各种情况。很显然，泛泛地研究一下发行银行的性质，不一定能弄清可能发生的各种情况。只有仔细研究实际情况，人们才有可能知道，哪些假设最有可能反映现实，从而作哪些假设最为适宜。

第三，实际研究不仅可以使我们了解应用各种理论的情况，了解作哪些假设适合于具体情况，而且还可以告诉我们纯理论在哪

① 雅各布·瓦伊纳的《加拿大的国际债务平衡》和陶西格教授的《国际贸易》，可以说是这种研究的范例。

些方面需要修改和扩充。实际研究可以使我们发现新问题。

关于未得到解释的残值，经济波动（即所谓经济周期）提供了最好的实例。大家知道，基本均衡理论并未解释繁荣和衰退现象。它解释的是处于静止状态的经济体系中的各种关系。我们已知道，对其假设作某种扩充，它便能够描述条件的不同造成的这些关系的变化。但无庸讳言，它没有解释存在于经济体系之内的导向不平衡发展的趋势，没有解释总供给和总需求（取这两个词在著名的"市场规律"中具有的含义）之间的不一致。[1] 可毫无疑问，这种不一致是存在的，因而任何力图仅仅用这一理论解释现实的尝试，必然会遗留下一些残余的现象，无法包摄在该理论的法则之下。

这个例子清楚地表明，经验研究可以使我们看清某些法则的不足之处。实际研究对于理论的主要功用，也许正是暴露这种不足之处。[2] 理论经济学家若想捍卫其理论，必须在解释具体情况的过程中不断检验已得到的法则。正是在考察具体事例时，才能暴露现有理论结构中的漏洞。

但这绝不是说，只靠多观察这种不一致，便会发现问题的答案。这并不是观察的功用。各种"归纳反叛"的历史都表明，抱有这种希望的所有研究均毫无结果。经济周期理论尤其是这样。只要研究这一问题的人满足于罗列时间数列，满足于积累相关系数，这方面的研究就不会取得重大进展。一直等到有人

① 关于这一切，参看哈耶克：《货币理论与经济周期》，第 1 章和第 2 章各处。

② 另一重要功用，即对于实践的功用，将在下一节中讨论。

乐于从事完全不同的工作，从基本的理论分析着手，作出进一步的基本定性假设，对经济波动作出与这些假设相一致的解释，这种研究才会取得进展。这个例子再好不过地说明了这两个研究分支间的正确关系。实际研究可以提示应该加以解答的问题，可以检验所获得的答案的适用范围，可以提示进一步改进理论所需作的假设。但却是理论，也只有理论能够提供问题的答案。颠倒这种关系的任何企图，都必然会使人步入作无谓观察与记录的涅槃境地。

而且——这把我们带回了我们的出发点——没有理由认为，那些可加以改进用于解释残余现象的法则，并不具有一般性质。由于前面讨论过的原因，想赋予纯分析范畴以永久性的具体内容的愿望必然会落空。借助于具体情况"试验"纯理论，再用纯理论解答剩下来的难题，可以不断改进和扩充我们的分析工具。但不应指望这种研究会使我们知道哪些货物是经济货物，人们在不同情况下会赋予各种货物以什么价值。这么说并非放弃了解决真正经济问题的希望，而只是承认了何者在经济学的必然边界之内，何者不在经济学的必然边界之内。佯称情况不是这样，只能是假科学的虚张声势。

5. 经济规律的必然性

但是，承认经济规律具有一般性，并不是否认它们所描述的必然发生的事情具有现实性，也不是贬低它们作为解释和预测手段的价值。相反，在慎重地界定了经济法则的性质和适用范围之后，我们可以更加有把握地宣称，经济法则在这一领域内具有完全的必然性。

经济规律描述的是必然的关系。如果它们所假设的条件是给定的，则必然会出现它们所预测的结果。从这个意义上说，经济规律与其他科学规律享有同等的地位，同样不能“束之高阁”。如果在某种条件下，一些事实具有顺序，我们便可以确信不疑地推论说，这种顺序使我们能够描述的其他事实也必然存在。对于那些理解了上一章中诸命题的人来说，原因是不难寻找到的。如果“给定条件符合某种模式，则另一些特征也必然存在，因为它们的存在是可以从最初所假设的条件模式中推演出来的”。分析方法只不过是一种方式，可用来发现复杂的事实配置的必然结果——这些结果在现实中的对应物不像初始假设的对应物那么好辨认，是一种工具，可用来“抖出”给定假设的全部含义。假如初始假设与事实相对应，则结论便是必然的，不可避免的。

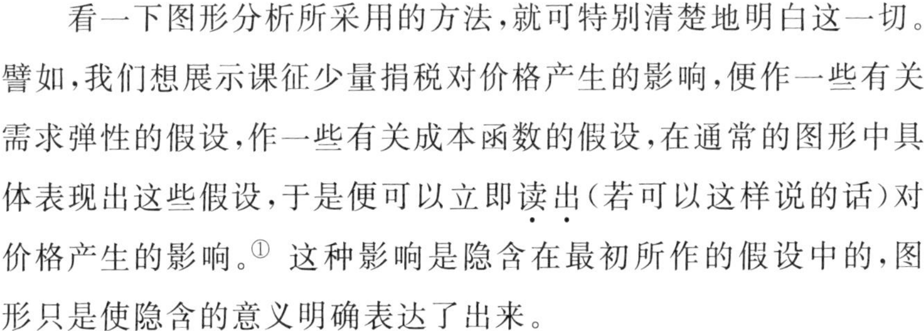

看一下图形分析所采用的方法，就可特别清楚地明白这一切。譬如，我们想展示课征少量捐税对价格产生的影响，便作一些有关需求弹性的假设，作一些有关成本函数的假设，在通常的图形中具体表现出这些假设，于是便可以立即读出（若可以这样说的话）对价格产生的影响。[①] 这种影响是隐含在最初所作的假设中的，图形只是使隐含的意义明确表达了出来。

正是这种必然性，使经济分析具有很大的预测价值。我们已一再强调指出，经济科学无法凭空预测某一时刻的条件组合，

① 例如参看达尔顿：《公共财政》，第 2 版，第 73 页。

无法预测估价的变化。但是,给定某种情况下的条件,它便可以就这些条件的含义得出必然的结论。如果条件保持不变,这些含义定会实现。之所以必然如此,是因为它们已隐含在最初的条件之中。

正是在此处,我们可以发觉经验研究的另一功用。经验研究可以揭示事实的变化,正因为事实不断变化,人们才能在给定情况下进行预测。我们已知道,经验研究绝对不能发现事实变化的规律,因为事实不是受同质原因的影响。但经验研究可以使我们掌握与特定时刻有关的资料,可以使我们了解正在起作用的各种力量的相对强度,可以使我们据此对可能的变化方向作出较为正确的推测。这无疑是应用研究的主要用处之一——不是力图在不可能发现"经验"规律的领域设法发现经验规律,而是尽力使人们时刻了解事实的变化,人们在给定情况下,正是依据不断变化的事实才能进行预测。经验研究不能代替形式分析,但可以在不同情况下告诉人们何种形式分析是适当的,可以**在那一时刻**为形式范畴提供某些内容。

当然,如果其他条件不是保持不变,就不一定会出现所预测的结果。这一老生常谈隐含在所有科学预测中,但在讨论经济预测时,尤其要铭记于心。有个政治家曾说"让'其他条件不变'见鬼去吧",此人在经济学的批评者中竟拥有大批热心的追随者!如果地震打断了试图证明力学法则的试验,没有一个神智正常的人会认为力学法则是无效的。可是绝大多数普通人以及相当一部分自封的经济学家,却经常以并不比这更站得住脚的理由,批评已得到普遍承认的经济学命题。[①] 若对某些进口商品课征保护性关税，则在其他条件不变的情况下，国内的生产条件必然会使受保护的商品的价格上升。由于一些十分偶然的原因，例如技术进步、原料价格下降、工资降低等等，成本下降了，价格并没有上升。于是在普通人和制度学派经济学家看来，经济学法则就被推翻了，供求规律就作废了，不尊重事实的科学的骗术就被彻底揭穿了，等等，等等。可是，究竟又有谁曾要求研究其他科学的人预言不受人控制的整个历史过程呢？

毫无疑问，大部分事件不受人的控制，[②]给定事实的边缘又非

① 例如参看近年来人们利用统计资料对货币数量说作的各种“反驳”。关于这一切，托伦斯对图克的评论，便是我们所要说的。托伦斯指出：“可以把《物价史》视为心理学研究。图克先生以霍纳和李嘉图的追随者身份着手从事研究工作，因为与这两位赫赫有名的人物结盟也显得光彩夺目。但由于他搜集事实的能力远远大于他的认知能力和逻辑推理能力，他积累的事实反而使他陷入了错误的迷宫。他未认识到，虽然理论原则在与其前提相一致的所有情况下是不可抗拒的，但在与其前提不一致的所有情况下，应用理论原则时则应该添加适当的限制条件和作适当的修正，由于未认识到这一点，他完全误解了亚当·斯密，竟认为像斯密这样的学界泰斗持有以下荒谬见解，即货币数量的变化导致一切商品的货币价值按相同比例变化，而各种商品相互间的价值却按不同比例变化。依据这种离奇的误解所作的推理，必然会得出离奇的结论。他先是发现，亚当·斯密正确地确立了这样一条普遍适用的原理，即货币购买力的变化会导致所有商品的价格按相同比例变化，随后他在考察不同时期的市场现象时发现，无论在哪一个时期，货币发行额的扩大或缩小都没有导致各种商品的价格按相同比例上涨或下跌，于是他依据不合逻辑地假设的前提进行严格的逻辑推理，得出了他的伟大发现，即流通媒介的增加绝不会抬高物价。”（《1844 年罗伯特·皮尔爵士法案的原理和实施：解释与辩护》，第 1 版，第 75 页）

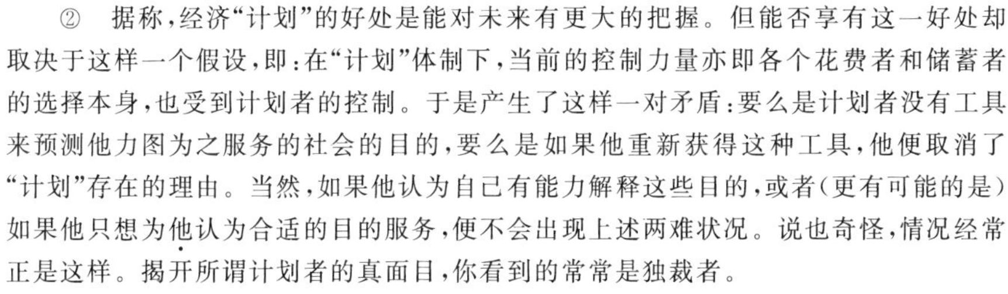

② 据称，经济“计划”的好处是能对未来有更大的把握。但能否享有这一好处却取决于这样一个假设，即：在“计划”体制下，当前的控制力量亦即各个花费者和储蓄者的选择本身，也受到计划者的控制。于是产生了这样一对矛盾：要么是计划者没有工具来预测他力图为之服务的社会的目的，要么是如果他重新获得这种工具，他便取消了“计划”存在的理由。当然，如果他认为自己有能力解释这些目的，或者（更有可能的是）如果他只想为他认为合适的目的服务，便不会出现上述两难状况。说也奇怪，情况经常正是这样。揭开所谓计划者的真面目，你看到的常常是独裁者。

常宽广，非常容易遭受意外的影响，这必然使得人们无论怎样小心谨慎从事预测工作，也极容易出差错。在许多情况下，某些事实的微小变化，极容易被同时独立发生的其他变化所抵消，以致有关趋向变化的知识只具有很小的预测价值。但是，有些变化规模却很大，同时牵涉许多行业的支出或生产，了解这种变化所产生的影响，可以为概率极高的推测提供非常坚实的基础。在货币现象的领域内，情况尤其是这样。毫无疑问，在战时和战后的动荡时期，货币数量说具有极大的预测价值。战后，一些投机者疯狂抢购德国马克，深信马克将恢复其原有的价值，假如他们对货币理论的了解同当年威廉·配第爵士一样多的话，他们就会明白自己在做多么荒唐可笑的事。同样，由于纯经济分析的进步，人们愈来愈清楚地认识到，一旦高涨阶段过去，暴跌和萧条阶段也就几乎不可避免地会来临，尽管何时来临和将持续多长时间，是无法预测的，因为这取决于出现萧条的苗头后人类采取何种行动。劳动力市场上的情况也是如此，采取某种工资政策后，如果其他条件保持不变，必然会造成某些人失业，因此，若知道“其他条件”发生何种变化才能避免这一结果，往往可以使人非常有把握地预测采取某些政策将会造成何种实际结果。实践已一再证实了这一点。当前，只有那些不愿看事实、蛮干胡来的人才会否认这一点。如果具备某些条件，则只要不出现新情况，产生某些结果就是不可避免的。

6. 经济规律的局限性

然而，经济规律也有其局限性，若想明智地运用经济规律，了解经济规律究竟有何局限性，是很重要的。作了以上论述之后，这并不难。

在经济学家的研究领域内，非理性因素隐藏在个人估价的背后。我们已知道，人们没有办法确定相对估价尺度可能发生的变化。[①] 因此，在所有经济分析中，都把相对估价尺度视为给定的。只有根据这些给定的假设推演出来的东西，才具有必然性。只有在这一领域内，才有规律可言。

因此，经济规律与相对估价尺度无关，经济方面的因果关系只涉及经济规律的固有含义范围。这并不是说可以不考虑价值的变化。其实价值的变化是理论经济学的主要研究对象。而只是说，我们作为经济学家不能研究个人估价变化背后的事物。我们可以用经济规律解释产生于给定技术条件和相对估价的各种关系。我们可以解释这些事实的变化造成的变化。但我们不能解释这些事实本身的变化。奥地利学派[②]把这两种变化区分为内生变化和外生变化。前者发生在给定假设结构的内部，后者则来自于外部。

再看一下货币理论的含义，便可理解这种区别与预测问题的关系。对货币需求作某些假设，我们便可以说，任何一国通货数量的增加都将使其外在价值下降。这是一种内生变化，得自于最初的假设，只要这些假设保持不变，上述结果就显然是不可避免的。然而，我们却不能像近年来许许多多人所作的那样断言，如果汇率下降，必然发生通货膨胀。我们知道确实经常发生这种情况。我

① 应该指出，这不同于说没有办法确定需求曲线可能发生的变化。需求曲线是根据更基本的无差异曲线推演出来的，我们的命题只是与后者相关，认识到这一点很重要。

② 特别参看施特里格尔："经济事实的变化"（载《国民经济学与统计学年鉴》，第128卷，第641—662页）。

们知道政府常常很愚蠢,也很胆小,知道有关货币职能的错误见解流传得很广。但是,汇率下降与决定印刷钞票之间却没有必然的联系。一种新的人类意志介入了"因果关系"链条。但发行纸币与纸币外在价值下降,并不涉及各经济主体的假设行为倾向发生变化。可以说,所发生的事情仅仅是,交换指数移到了较低的水平。

说明这一区别的一个较复杂的例子,是有关"赔偿"问题的争论。假设可以证明,对德国产品的外部需求弹性很小,以致最少在短期内,超过国内税收负担的必要转移负担很大。在这种情况下,可以认为单纯是经济因素直接造成了当前的危机。也就是说,直至发生恐慌之前,各种混乱完全是由隐含在给定的供求条件中的障碍造成的。① 但假设可以证明,造成当前危机的主要原因是金融恐慌,发生金融恐慌则是由于税收负担太重,人们担心会爆发政治动乱。在这种情况下便不能认为因果链条完全是经济的,中间介入了对税收负担的政治反应。"转移危机"产生于外部原因。②

毫无疑问,并非总是能够很容易地作这种区分。在一些情况下,报酬率与劳动人口的数量和质量的提高之间可能有函数关系。应如何看待这种函数呢? 就所引致的反应而言,它是内生的。然

---

① 这是马克鲁普博士讨论的极端情况,见他的"转移与价格波动",载《国民经济学杂志》,第1卷,第555—561页。

② 苏特教授说,他无法用语言形容作这种区分所感到的快乐(前引书,第139页)。但是,除了方法论方面的考虑外,作这种区分肯定还有图省事的考虑。我要冒昧地说,假如政府就这类问题请教苏特教授的话,他诊断出"经济"因素后,会转过身说,"当然还有政治问题;人民忍受得了吗?"而且他会像坎梯隆那样补充说,"可这不关我事。"或者他会像真正板着面孔的黑格尔主义者那样,把一切事情都纳入自己的研究范围,着手研究政治上可能发生什么事情和不可能发生什么事情。但他无论如何还是要作那种区分。他究竟如何看待这种区分,我们以后再作友善的讨论。

而就市场需求的结构而言，它却是外生的。出现了新的人，他们具有新的相对估价尺度。而且，正如奈特教授经常指出的，使情况更为复杂的是，在一些社会中，存在着明确的金钱上的刺激，诱使一些人去改变事实，例如花费人力物力从事研究工作改变技术知识，通过劝说改变经济主体的嗜好。对于这种变化，便很难作上述区分。我们必须承认，经济体系是“开放的”。然而，在大多数情况下，我们所作的这种区分还是很容易理解的，且有助于思维的清晰。在人们都明了这种区别以前，作这种区分似乎是十分必要的。

同样，应该认识到，讨论实际问题时，也常常涉及某些种类的外生变化，它们显然与经济因果链条内部的变化紧紧联系在一起。就货币问题而言，恰当的例子，当是汇率的下降有可能诱使货币当局助长通货膨胀的趋势。就关税政策而言，课征保护性关税，很有可能使国内生产者组成垄断利益集团，实际行政管理当局一定不要忽视这一点。在这方面以及在其他许多方面，存在一种模糊的心理概率，出于纯粹的实际理由，常常应该考虑到这种概率。[①] 无疑，对这类问题的洞察力，常常是必须具备的最基本的能力，可奇怪的是，竟有那么多的人缺少这种洞察力。无疑，此处涉及的或然

① 同在第一版中一样，我非常注意这一表述中实际使用的词语。我主张表述方式应较为精确，而不是过于严格地划分思考范围。我并非认为，讨论经济问题时，经济学家应避免考虑这样一些事实的变化概率，这些事实的因果关系处于严格的经济科学范围之外。其实，我反倒倾向于认为，在社会学的研究领域内，经济学家比其他人享有更明显的优势。的确，在这一领域内，迄今经济学家已经做的事情要比其他人多得多——要想明白我指的是什么事情，只需想一想经济学家就民主社会中应建立何种形式的关税委员会，或政府应对生产企业作何种必要的管理展开的各种讨论。我只是认为，人们应该认识到该领域内的法则与狭义经济学领域内的法则之间的区别。

性大都具有实际的必然性，凡头脑清醒的人都不会怀疑它们，都会把它们当作指导政治实践的准则。然而，并非参加这种讨论的所有人都头脑清醒。一方面我们希望，凡是想卓有成效地应用经济学知识的人都充分熟悉相邻的学科，都随时准备求助于相邻学科的帮助，同时我们也希望，经济学家应该认识到这里所说的经济学法则与模糊的社会学领域内的法则的区别。后一种法则的或然性没有前一种法则那么高，经济学家理解而不夸大它们的必然性，对自己毫无损失。实际上，只有做到这一点，经济学家才能在自己的领域内充分发挥才智。

7. 建立经济发展理论的可能性

这一切都与上一章末尾未回答的那个问题有很密切的关系。我们难道不能扩展经济学法则，使其涉及条件的变化吗？我们已知道，在什么意义上可以建立经济动态学——即分析经济体系在时间过程中因给定条件发生变化而作的调整。我们难道不能扩展经济学的方法，使我们能预测这些给定条件的变化吗？总之，我们难道不能建立一全面的经济发展理论吗？

如果前面的分析是正确的，则能够建立这种理论的可能性是很小的。假如我们能一下子确定所有商品的需求弹性和所有生产要素的供给弹性，假如我们能假定这些系数是固定不变的，则我们确实便可以设想人们能进行大规模的计算，使经济学上的拉普拉斯能够预言整个世界在未来任何时刻的经济现象。但是，正如我们已经知道的，这种计算虽然对于预测特定情况最近可能发生的变化是有用的，但却没有理由认为它们是永远有效的。经济学上的拉普拉斯必然会失败，因为在他的体系中并没有上面假定的那种常数。可以这样说，我们必须每时每刻重新发现经济学上的各种引力定律。

但难道不能从形态上预测条件的基本变化吗？我们或许不能预言具体的嗜好和各种商品间的关系，但如果把内生变化（如前面谈及的那些变化，人口对收入变化的反应，引致发明，等等）引入经济学，我们难道仍不能从形态上对可能的经济发展作有用的概述吗？

毫无疑问，就人口变化而言，可以想象这种变化是对货币刺激的反应。我们可以像古典学派经济学家那样，想象一种最终的均衡状态，在这种状态中，未来劳动报酬的贴现价值等于生育、抚养和训练劳动者的贴现成本。在讨论非奴隶社会时，假设存在这样一种特殊的函数关系是否很有用，颇令人怀疑。因为，必须记住，除了在奴隶社会中外，我们无权像古典学派经济学家在某一时期所做的那样，假设成本等于收益具有客观性；在非奴隶社会，均衡率会引致不变的劳动者供给，而并非只是能在生理上养活劳动者。不过，我们还是可以假设存在那种函数关系。

但即便如此，我们也只是从形式上描述了达到最终均衡状态的一个条件，而丝毫无法预测影响劳动者供给的基本条件的变化。关于家庭的最优规模或最合意的奴仆数目，人们的看法常常会发生很大变化，这些都是无法运用预测技术加以预测的。当前影响家庭规模的各种因素（如果它们存在几千年的话，很有可能会使欧洲人口只剩下几十万人）是否会继续存在下去，或者它们是否会在新信仰、新义务观、新幸福生活观的攻击下而销声匿迹？我们大家都可以进行大胆的猜想。但经济分析确实爱莫能助。

转向技术变革与发明的领域，情况也不容乐观。正如熊彼特教授强调指出的，在这一领域，甚至很难想象有均衡的调整。也许某个聪明无比的人能想象出均衡的调整。但这能帮助我们预测未来技术变革的性质吗（从我们正在谈论的意义上说，这正是建立经济发展理论所必需的）？何种分析方法能预测发明的趋势一方面会导致铁路时代的到来，另一方面会导致内燃机的出现？即便我们认为，只要了解有关的技术，就可以预测与其相关联的经济关系，那我们又如何预测那种技术呢？正如刚刚列举的例子充分表明的，发明的趋势并不是朝着一个方向发展。如果我们假设，从我们体系的观点看，技术变革是无法预测的，我们也就无需假定最终是非决定论在起作用。

转而讨论法律制度的变化问题，情况也是如此。我们研究的那种调整正是在法律制度下完成的。在某种重要意义上，我们可以想象政治科学的研究对象符合经济科学的定义，也就是说可以设想政治制度、财产关系等等是选择的结果。但愿这一观念能得到进一步的探究和分析。但如何事先知道人们作什么选择呢？如何预测政治无差异体系的内容呢？

众所周知，有人试图用“经济”力量的分配和“经济”利益的作用来解释政治制度的演变。在一定限度内，可以作这种解释，而且这种解释至少在一定限度内是讲得通的，否认这一点很愚蠢。但仔细考察一下就会发现，可以作这种解释的限度，要比通常想象的窄得多。我们也许可以用某些生产者集团的“利益”解释某些政治变化；市场状况至少提供了反映短期利益的粗浅指标，我们可以给这种短期利益下客观的定义。但是，在这方面，若要作表面上讲得通的更宏大的解释，则依赖于这样一个假设，即我们同样可以客观地界定大集团的利益。可这种假设是不真实的。经济分析非但没有证明这种经济解释是有道理的，反而表明它是绝对错误的。所有这类解释中包含的利益概念都不是客观的，而是主观的。利益概念依赖于人们的见解和感情。经济学无法预测精神方面的这种变化。我们可以预测发生了这种变化之后所产生的影响，可以想象假如发生了这种变化所产生的影响。但是，关于我们预言变化过程（这种变化过程显然取决于偶然性、劝说和盲目力量等各种不同质的因素）的实际能力，我们若谦逊一点，或许不会过于自负。

总之，经济学研究一方面向我们展示了一个有经济规律、有人类行为必须服从的必然性的领域，同时也向我们展示了一个这种必然性不起作用的领域。这并不是说在后一领域中没有规律，没有必然性。我们不探究这一问题。而只是说，至少从经济学的观点看，必须把某些事物视为最终的事实。

第六章　经济科学的意义

1. 引言

现在我们已接近考察的最后阶段。前面讨论了经济学的内容，论述了其一般法则的性质及其与解释现实的关系。最后我们要问：这一切对社会生活和行为有什么意义？经济科学与实践有什么关系？

2. 边际效用递减规律

有人认为，现代经济学的某些法则本身便提供了一套准则可作为政治实践的基础。边际效用递减法则被认为是一个标准，可用以检验一切影响分配的政治和社会活动。凡是有助于增加平等而又不损害生产的活动，据说便可用这条法则证明是正当的；凡是导致不平等的活动，便应受到谴责。这种观点已得到权威人士的支持，是许多财政理论著作的基础。[①] 像坎南教授这样的权威人士亦借助于此种观点来为经济学家们的费边社会主义倾向作辩

① 参看例如埃奇沃思："税收纯理论"（见《政治经济学论文集》，第 2 卷，第 63 页以下）。

护。[1] 此种观点已得到无数应用经济学著作的最广泛支持。可以有把握地说，绝大多数英国经济学家都把此种观点视为不言自明的公理。然而，我要不揣冒昧地说，此种观点实际上完全是任何科学经济理论所不能证实的，而且在英国之外，已基本上不再具有支配地位了。

此种观点的论证过程是大家所熟悉的，但仍值得详尽重述一下，以表明其缺陷究竟在什么地方。边际效用递减法则告诉我们，一个人拥有的某样东西愈多，他对附加单位的此种东西估价愈低。因此，据说一个人拥有的实际收入愈多，他对附加单位的实际收入估价愈低。因而，富人收入的边际效用小于穷人收入的边际效用。所以，如果进行转移而这种转移又不明显影响生产的话，就会增加总效用。因而这种转移“证明是经济的”。证毕。

乍一看，以上论证似乎很有理，颇有说服力。但仔细看看，则发现其不过似是而非。它依赖于将边际效用递减这一概念延伸至一完全不适于它的领域。此处所援用的“边际效用递减法则”根本不是产生于经济物品的基本概念；它所作的假设，无论正确与否，都绝不能通过观察或内省来证明。上面所考察的那种观点，是以下面这一尚未解决的形而上学问题为依据，即能否科学地比较不同个人的体验。这值得作进一步的考察。

如前所述，边际效用递减法则产生于这样的概念，即手段相对于其所服务的目的而言是稀缺的。它假设，对于每个人来说，物品可以按其对行为具有的意义排列成顺序；人们可能喜欢作这种排列，在这一意义上我们可以说，一种物品的一种用途比另一种用途

① 参看“经济学与社会主义”(见《经济学展望》，第 59—62 页)。

重要。在此基础上,我们可以拿一个人偏好的顺序同另一个人偏好的顺序相比较。由此便可以建立一完整的交换理论。[①]

但是,假设可以画出表来显示一个人偏好的顺序并比较不同人排列的顺序,是一回事。假设在这种排列的背后有各种量值,这些量值可彼此加以比较,则完全是另外一回事。这在现代经济分析中是无论在何处都无需作的假设,是与假设个人有相对估价表完全不同的假设。交换理论假设,我可以花 6 便士买一条面包,亦可以把 6 便士花在市场提供的其他机会上,这两者对于我的重要性我可以作一番比较。而且它假设,由此而显示的偏好顺序可以同面包师傅的偏好顺序相比较。但它并未假设,一定要对我花 6 便士买面包得到的满足与面包师傅收取 6 便士得到的满足加以比较。这种比较是性质完全不同的比较,是均衡理论所绝对不需要的也绝对不包含在均衡理论的假设中。此种比较必然超出了任何实证科学的范围。说甲的偏好比乙的偏好重要,完全不同于说甲偏好 n 而不偏好 m,乙偏好 n 也偏好 m。前者含有习惯的估价因素在内,因而从本质上说是规范的,在纯科学中是没有其位置的。

如果还不明白,想想以下的说明就会搞清楚的。假设对甲的偏好有意见分歧。假设我认为在某一价格下他偏好 n 而不偏好 m,你认为在相同的价格下他偏好 m 而不偏好 n。用纯科学的方法很容易解决我们的分歧。我们可以请甲告诉我们他偏好什么,或者如果我们不相信甲能作内省,我们可以对他作相应的刺激,观

① 许许多多误解就是产生于未完全理解这个法则,以致希克斯博士提议完全废弃其现在的名称,代之以采用替代率递增这个名称。我个人宁愿使用已确立的名称,不过很显然,希克斯的提议也有许多道理。

察他的行为。这两种方法都可以提供解决分歧的基础。

但假设我们对甲得自1000美元收入的满足和乙得自2000美元收入的满足有意见分歧。询问甲和乙不会得答案。假设他们也意见不同。甲会说自己在边际上得到的满足比乙多。而乙则会说自己得到的满足比甲多。我们无需是盲从的行为主义者就会认识到，在这里没有科学证据。没有办法测试出甲相对于乙的满足强度。如果测试他们的血流状况，那测试的就是血液，而不是满足。内省无法使甲测知乙心里在想什么，也无法使乙测知甲心里在想什么。没有办法比较不同人之间的满足。

当然，在日常生活中，我们总是假设能作这种比较。但在不同的时间和不同的地点，我们实际上会作出各种各样的假设，这便证明了它们具有习惯性质。在西方民主国家，我们为了某些目的而假设，相同环境中的人可得到同样的满足。为了司法目的，我们假设相同情况下的法律主体承担有同样的责任，与此相同，为了财政的目的，我们假设相同环境下的经济主体可从相同的收入中体验到同样的满足。但是，虽然为方便计可这样假设，可却无法证明这种假设依据的是可确定的事实。的确，如果另一文化世界的代表告诉我们，我们错了，他的种姓（或种族）成员能从给定收入中体验到的满足是低等种姓（或低等种族）成员的十倍，我们是无法反驳他的。我们或许会嘲笑他。我们或许会怒火涌上心头，说他的估价是可憎的，会导致内乱、不幸福、不合理的特权，等等。但我们无法证明他在任何客观的意义上是错的，亦无法证明我们是对的。既然我们在心中并不认为不同的人得自相同收入的满足具有相等的价值，那么如果我们仍宣称我们为自己处理事情的方式所作的

辩护无论如何是科学的,那就真是太荒唐了。我们的辩护只能从方便的角度说是正当的,或只能借助于最终的义务准则说是正当的,但却不能借助于任何实证科学说是正当的。

由此可见,我们所考察的那种观点对边际效用递减法则所作的引申,是不合法的。因而以此为基础的论证是缺乏科学依据的。认识到这一点,无疑会大大降低应用经济学中那些所谓科学法则的地位。相对效用递减的概念(无差异曲线的向下凸出),并不能为以下推论辩护,即将富人的收入转移给穷人会增加总满足。它并没有告诉我们,分级所得税给社会红利造成的损害比不分级的人头税少。无疑,财政理论中与"社会效用"有关的整个部分具有不同的意义。它是对道德原则的有趣发展,而并非产生于纯理论的实证假设。它只不过是英国经济学与功利主义在历史上结合的偶然沉淀物。明确认识到这一点的话,则无论是它由以产生的功利主义假设还是它与之相联系的分析经济学,都会变得更好,更令人信服。①

① 比较达文波特:《价值与分配》,第 301 和 571 页;本纳姆,"经济福利"(载《经济学》杂志,1930 年 6 月号,第 173—187 页);M. St. 布朗:《国家经济政策理论》,第 41—44 页。就连欧文·费雪教授在急于为其测量"边际效用"的方法辩护时,也只能作这样的辩解:"哲学上的怀疑是对的、适当的,但生活问题不能也不会等待。"(《纪念约翰·贝茨·克拉克经济论文集》,第 180 页)。在我看来,测量个人间边际效用的问题,并不是特别紧迫的问题。但是,无论紧迫与否,费雪教授实际上只是通过作习惯性假设来解决他的问题。声称习惯性假设具有科学依据,对于解决实际问题似乎毫无帮助。被告知我能与邻人体验到同样的满足,并不会使我成为更温顺的民主主义者,反而会使我愤怒。但我十分愿意接受这样的说法,即:为方便计可假设情况是这样。我很乐于接受这样的论点——当然我坚信,我不同于那些相信种族神话或无产阶级神话的人——那就是,在现代条件下,社会如果在其他的假设下运行,会具有内在的不稳定性。但是,时代不同了,不必宣称价值判断就是科学事实的判断来使人们接受民主政体了。恐怕同样的责难也适用于拉格纳·弗里希的那本写得很巧妙的《测量边际效用的方法》。

但假设情况不是这样。假设我们能使自己相信这些习惯性假设具有实证性，相信不同的经验可以测量，相信满足的感受能力相同，等等。假定在此基础上，我们成功地证明，某些政策具有增加“社会效用”的作用，即使如此，认为凭借这种结论本身便可推论出应该实施这些政策，也是完全不合逻辑的。因为这一推论以尚未解决的这样一个大问题为依据，那就是社会是否有义务增加此种意义上的效用。[①] 即使经济法则通过引入习惯性评价因素而扩充，其中也没有解决这个问题的方法。含有“应该”的命题与含有“是”的命题是根本不同的。这一点在下面还要论及。[②]

3. 均衡理论的中立性

与上面完全相同的责难亦适用于这样的人，他试图把自由均衡的标准同时当作“经济辩护”的标准。纯均衡理论使我们能够理解，只要给定各经济主体的估价以及法律和制度环境的事实，便可设想出一个没有变动倾向的体系。只要给定个人的估价，它就能使我们描述出可最充分满足需求的资源配置情况。但它本身并未提供任何道德上的认可。证明需求在某些条件下比在其他条件下能得到更充分的满足，并不等于证明这些条件是合意的。均衡理论的周围没有赞同的光环。均衡只是均衡。

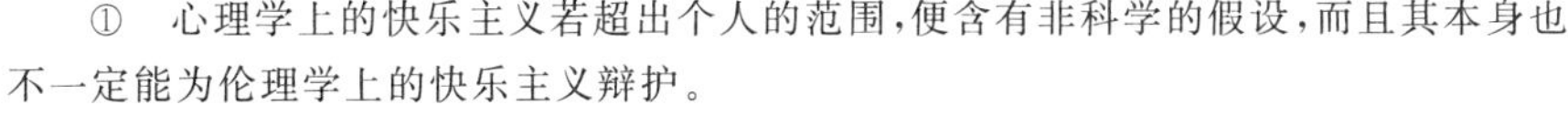

① 心理学上的快乐主义若超出个人的范围，便含有非科学的假设，而且其本身也不一定能为伦理学上的快乐主义辩护。

② 参看下面第 4 节。

当然,均衡概念的本质是,给定每个人的初始资源,每个人便有一个自由选择的范围,只受物质环境和其他经济主体行使同样自由的限制。在均衡状态下,每个人可在其偏好线上自由移动至一个不同的点,但他不移动;因为在假设的条件下,任何其他点都是他不那么喜欢的。若给定某些政治哲学准则,均衡概念便可清楚地告诉我们需要什么样的社会制度来实现这些准则。[①] 但选择的自由或许不被视作最终的善。相对于其他社会目的而言,创造一种状态来提供最大的选择自由,或许不被认为是合意的。证明在某些条件下可获得最大限度的这种自由,并不等于证明应该追求这些条件。

而且在要价时,有某些明显的限制性因素阻碍着人们确定目的。要获得均衡状态赖以出现的条件,就必须有某种法律框架,这种框架不是出价所能诱导出来的,但却是确保有秩序地出价所必需的。[②] 保持健康不得传染病,并不是完全靠个人所能达到的目的。在城市中,只要有一个人不遵守某些卫生要求,就会使其余所有人染上流行病。要达到这类目的,利用生产要素的方式便必然不会与完全自由地支配给定个人资源相一致。而且很显然,社会作为政治公民的整体而确定的目的,会比这激烈得多地干预社会成员的自由选择。经济分析本身对于这些目的的善恶,不能提供

① 参看普兰克的两篇很重要的论文:“运输中的协调与竞争”(载《运输学会杂志》,第 13 卷,第 127—136 页);《企业管理趋势》(载《经济学》杂志,第 35 期,第 42—62 页)。

② 关于经济活动的法律框架所具有的地位,前引斯特里格尔博士的著作很有启发性。他把经济活动的法律框架称作经济的“组织”。参看斯特里格尔:前引书,第 85—121 页。

任何辩护。经济分析只能指出运用生产手段的方式对可能选择的各种目的产生的影响。

由于以上原因，使用形容词“经济的”和“不经济的”来描述某些政策，容易造成严重误解。根据我们的初始定义，经济学的准则是用最少的手段达到给定的目的。所以，关于某一政策，如果它为了达到某些目的使用了较多的稀缺手段，那么说它是不经济的，便完全可以理解。对于手段的运用而言，一旦用以估价手段的目的是给定的，使用“经济的”和“不经济的”这两个词便是完全可以理解的。

但是，若用这两个词形容目的本身，那就叫人不可理解了。前面我们已说过，并没有经济的目的，[①]而只有达到给定目的的经济的与不经济的方法。我们不能因为目的是不经济的而说追求给定目的是不经济的；我们只能说，如果追求目的用掉了过多的手段，那是不经济的。

因此，如果在考虑了发动战争必然会带来的所有问题和必须作出的所有牺牲之后仍然认为作出这种牺牲来取得预期的结果是值得的，那么说发动战争是不经济的，便不符合逻辑。只有在力图用过大的牺牲来达到这一目的时，说它是不经济的，才符合逻辑。

较为具体的“经济”（采用其含混而通俗的含义）措施，也是如此。如果我们假设，公共政策的目的是维护尽可能充分地满足个人需求（这种需求反映在价格体系中）的条件，那么，除了在很特殊的情况下之外，便可以符合逻辑地说，对小麦课征保护性关税是不

① 参看前面第 2 章第 2 节和第 3 节。

经济的，因为它妨碍达到这一目的。这显然是纯中立分析的结果。但是，如果所要达到的目的超出了上述范围，如果课征关税所要达到的目的不反映在消费者的要价之中，例如是要保证食品供应以应付战争威胁，那么便不能仅仅因为课征关税导致了消费者的贫困而说课征关税是不经济的。在这种情况下，若要说课征关税是不经济的，那就得证明它达到这一目的牺牲了过多的手段。[①]

我们还可以考察一下最低工资规定的情况。理论经济学中一众所周知的法则是：工资若高于均衡水平，必然会导致失业和资本价值降低。这是经济均衡理论中最基本的推论之一。我国战后的历史早已证明了其正确性。[②] 流行的见解认为，这种“静态”推论的有效性已被工资压力引致的“动态改进”的可能性所破坏。此种见解忽略了这样一个事实：这种“改进”本身就是资本浪费的一种表现。[③] 但不必把这种政策说成是不经济的。如果在实施这种政策的社会中人们普遍认为，不让工资低于某一水平所带来的好处可补偿失业和其造成的损失而有余，那就不能把这种政策说成是不经济的。作为个人，我们可能认为，这种偏好体系仅仅为了减少不平等这一虚妄目的而牺牲了真正幸福的实际增加。我们可能认

① 参看本人的一篇论文："课征关税后农业的情况：案例研究"（威廉·贝弗里奇先生编辑）。

② 希克斯：《工资理论》，第 9 和 10 章。关于战后历史的证据，可参阅贝纳姆博士的《工资、物价与失业》（载《经济学家》杂志，1931 年 6 月 20 日）。

③ 叫人不可思议的是，人们竟未较为广泛地认识到这一点，因为最热心地支持这种观点的人，通常也正是最猛烈地谴责合理化“引起”失业的人。当然，正是由于需要把资本转换成在较高工资水平上可获利的形态，才缩小了社会资本，才创造出了一种无法使全体劳动人口充分就业的工业结构。没有理由认为永久性失业是合理化的结果而不是由工资高于均衡水平引起的。

为，怀有这种偏好的人缺乏想象力。但在科学经济学中，没有任何东西允许我们作这种判断。经济学在各种目的之间是中立的。经济学不能断定最终价值判断的正确性。

4. 经济学与伦理学

近年来，某些经济学家认识到了，经济学像上面所说的那样无法在其自身内部提供一系列约束实践的原则，于是极力主张延伸经济学的疆界，将规范研究包括在内。譬如，霍特利先生和 J. A. 霍布森先生主张，经济学不仅应像上面所说的那样把估价和道德标准视为给定的事实，而且还应对这些估价和标准的正确与否作出断定。霍特利先生说："经济学不能脱离伦理学。"①

不幸的是，这两个学科从逻辑上说似乎只能以并列的形式联系在一起。经济学涉及的是可以确定的事实；伦理学涉及的是估价与义务。这两个研究领域风马牛不相及。在实证研究和规范研究的法则之间有一条明确无误的逻辑鸿沟，任何聪明才智都无法掩盖它，任何空间或时间上的并列也无法跨越它。猪肉的价格随着供求的变化而波动这一命题，产生于猪肉与人类欲望的关系，最

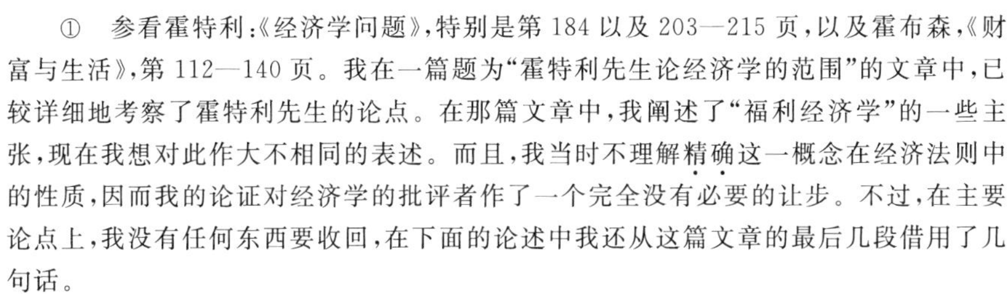

① 参看霍特利：《经济学问题》，特别是第 184 以及 203—215 页，以及霍布森，《财富与生活》，第 112—140 页。我在一篇题为"霍特利先生论经济学的范围"的文章中，已较详细地考察了霍特利先生的论点。在那篇文章中，我阐述了"福利经济学"的一些主张，现在我想对此作大不相同的表述。而且，我当时不理解精确这一概念在经济法则中的性质，因而我的论证对经济学的批评者作了一个完全没有必要的让步。不过，在主要论点上，我没有任何东西要收回，在下面的论述中我还从这篇文章的最后几段借用了几句话。

终是可以通过反省和观察来验证的。我们可以询问人们，他们是否想买猪肉，在各种价格之下想买多少。或者当他们带着钱来到猪肉市场时，我们可以观察他们的行为。[①] 但是，不应该给猪肉定价这一命题，虽然对各种族的行为产生过极大影响，可却是我们根本无法验证的。含有动词“应该”的命题，在性质上不同于含有动词“是”的命题。不把它们区分开，或看不出它们的本质区别，很难理解会有什么好处。[②]

所有这一切并不是说经济学家不可以把不同的价值判断当作先决条件，假设这些判断是正确的，然后在此基础上考察应对具体行动方案作出什么判断。相反，如下文所述，经济学的用处正在于它能揭示不同最终估价的意义和是否具有一致性。应用经济学中有这样的命题：“如果你要做这件事，那你必须做那件事。”“如果你认为这是最终的善，则那样做显然是与此有矛盾的。”此处所强调的区别的全部含义是：正如关于单纯存在的假设的正确性无法作科学验证那样，关于存在物或可能存在物的价值的假设也不能作科学验证。

也丝毫不是说经济学家不应对道德问题发表意见，正如同主

① 关于所有这一切，我认为马克斯·韦伯的阐述是十分明确的。而且我承认，我完全不能理解为什么要对马克斯·韦伯方法论中的这部分提出疑问(参看“社会学和统计科学的‘价值自由’的意义”，见《社会论文集》)。

② J. A. 霍布森先生在评论我以基本相同的词语批评霍特里先生的一段文字时抗议道：“这是拒绝承认经济价值与人类价值间的妥协或接触。”(霍布森：前引书，第129页)。在所有人当中为什么偏偏霍布森先生要抱怨呢？我的方法只是从经济学中清除了以下这样的“经济”假定，即市场上的估价在道德上是令人尊敬的，这正是霍布森先生自己所不断宣称的对经济学的非法侵入。我不禁感到，如果人们明确接受上文中关于经济学研究范围的看法，那么霍布森先生对经济科学方法的责难大都便会不攻自破。

张植物学不是美学，不等于说植物学家不应对自己花园的设计发表意见那样。相反，人们热切希望经济学家长期而广泛地思考道德问题，因为只有这样他们才能辨析各种给定目的的含义，解决摆在他们面前的问题。我们可能不同意 J. S. 穆勒的说法："一个人若不是别的学者不可能成为一个好的经济学家。"但我们至少会同意，他若有其他方面的兴趣会成为更有用的经济学家。我们的方法论原则并不禁止经济学家有其他兴趣！我们只是主张经济学和伦理学这两者之间没有逻辑关系，求助于一方来加强另一方的结论是于事无补的。

而且，完全撇开方法论方面的所有问题，还有一非常实际的理由采用我们的作法。在激烈的政治斗争中，既可能对目的产生意见分歧，也可能对达到目的的手段产生分歧。经济学和其他任何科学都无法解决第一种分歧。如果我们对目的有分歧，那不是你死我活就是相互容忍，这取决于分歧的严重程度或双方的力量对比。但是，假如我们对手段有不同意见，则科学分析常常可以帮助我们解决分歧。如果我们对收取利息是否道德有不同意见（并且理解我们谈的是什么），[①]那便没有争论的余地。可如果我们对利率波动的客观作用有不同意见，经济分析便使我们能够解决争论。假设将霍特里先生关在一间会议室中，作一委员会的主席，委员有边沁、佛陀、列宁和美国钢铁公司的董事长，由他们对放高利贷的道德问题作出决定，那么边沁很可能拿不出一份"大家都同意的文件"。假如让该委员会确定政府管制贴现率带来的客观结果，那依

① 参看下面第 5 节。

靠人类智慧就会取得一致意见，至少会提出一份多数人同意的报告，或许列宁持不同意见。无疑，为了在这个充斥着太多可以避免的分歧的世界上我们能取得一些一致意见，值得慎重地将可以解决分歧的研究领域与不可解决分歧的研究领域区分开来[①]——值得将中立的科学领域与争论较多的道德哲学和政治哲学领域区分开来。

5. 经济科学的意义

那么经济学的意义是什么呢。如前所述，经济学在其一般法则的结构之内并不提供对实践有束缚力的规范。它不能决定不同的取舍。它根本不同于伦理学。那么，经济学实实在在的意义又在哪里呢？

无疑，它的意义正在于：当我们面对各种最终目的而必须进行选择时，它使我们能充分了解我们所作选择的含义。面对选择这

---

① 当然，这实际上正是"正统"经济学家自出现科学经济学以来的一贯做法。例如坎梯隆在《商业性质概论》(希格斯编辑，第 85 页)中就说："让绝大多数人过贫困恶劣的生活是否比让少数人过非常安乐的生活好，这也是超出我论述范围的一个问题。"李嘉图在《评马尔萨斯》一书的第 188 页也说："M. 萨伊说得好，劝告不是政治经济学家的职责——他应告诉你如何致富，但他不应劝你喜欢财富而不喜欢懒惰，或喜欢懒惰而不喜欢财富。"自然，在那些带着快乐主义偏见从事研究的经济学家当中，偶尔也有人将这两种命题混淆在一起。但这并未达到通常所说的那种严重程度。大多数带有偏见的说法都产生于不愿意相信经济分析所揭示的事实。实际工资高于均衡点会造成失业这一命题，完全是中立地依据理论经济学中一个最基本的命题推论出来的。但是在一些圈子内，提及这一命题总是会受到谴责，即使不说你怀有歹意，至少也说你对穷人和不幸者抱有不可救药的偏见。同样，目前如果发表老生常谈，说对进口商品课征关税会影响外国对我国出口商品的需求，也往往会被视为卖国贼。

个或那个的问题时，我们无权求助于经济学作出最后的决定。经济学并不能免除我们作出选择的义务。任何科学都不能决定最终偏好问题。但是，要想作出完全合理的选择，我们必须知道自己偏好的是什么。我们必须了解不同做法的含义。因为选择的合理性正是对被放弃者的充分了解。恰恰在此处，经济学获得了其实际意义。它能使我们明白我们可能选择的不同目的所具有的含义。它使我们能在作决定时知道自己在作什么决定。它使我们能选择一系列彼此一致的目的。①

举一两个例子便可十分清楚地说明这一点。先来看选择行为的含义得到说明的实例。我们可以再次采用已考察过的那个例子，即课征保护性关税。如前所述科学经济学不允许我们称这种政策是好的或坏的。我们已知道，如果决定采取这一政策而充分了解由此必须作出的牺牲，那就没有理由称其为是不经济的。若一个集体行动的公民团体为了国防、保护农村等目的，甘愿牺牲他们作为消费者的各种选择，那么只要他们充分了解他们在做什么，就不能把这种有意的选择称作不经济的或不合理的。但是，如果这些公民不充分了解他们正在采取的步骤的客观含义，情况就不是这样了。现代社会涉及方方面面，只有通过复杂的经济分析他们才能了解所采取的行动的含义。绝大多数人，即使是受过教育

① 也许应该强调指出，所能取得的一致性是达到目的一致性，而不是各种目的本身一致性。在估价的层面上或者在客观可能性的层面上，达到此一目的与达到彼一目的会发生矛盾。例如，同时事二主可以在道德上说是矛盾的。而力图同时在不同地点与两个主人待在一起，则在客观上说是矛盾的。科学经济学所能消除的，正是社会政策领域中的这后一种矛盾。

的人，在例如让他们决定是否应该保护农业时，也只能想到这种措施对受到保护的农业的影响。他们知道这种措施会使农业受益，于是便认为这措施是好的。但每一个一年级学生都知道，这只是问题的开端。要了解课征关税的进一步影响，就需要使用分析方法。由于以上原因，在经济学的教育水平不高的国家，人们总是倾向于赞同课征税率日益提高的保护性关税。

也不应认为这种分析的用处只限于作孤立措施的决定，例如课征单一关税。它能使我们对较为复杂的政策系统作出判断，能使我们了解哪些目的彼此相容，哪些目的彼此不相容，以及这种相容取决于什么条件。无疑，正是在这里，如果想使决策合理的话，就必须掌握一些分析方法。无视个人的估价并不作什么分析，单凭意志力也许能合理地达到某些社会目的。恰当的例子是提供补贴来保障主要粮食供应。但是，要想不借助于分析工具实施较为复杂的政策，却几乎是不可想象的。[①]

我们可以举货币政策领域内的一个例子。根据货币理论的基本原理必然会得出这样的推论，即在这个世界上由于不同货币领域的情况是以不同的速度发生变化的，因而不可能同时使物价和汇率保持稳定。[②] 这两个目的——在这个例子中，这两个“目的”

① 这一切足以回答那些总是说“社会生活太复杂不能用经济分析来判断”的人们。正因为社会生活非常复杂，才需要通过经济分析来理解哪怕是其中的一部分。通常正是那些大谈生活复杂和人类行为不能作任何逻辑分析的人们，证明是头脑和感情最单纯的人。真正瞥见了人类行为不合理动机的人，不会“害怕”用逻辑绞杀不合理动机。

② 参看凯恩斯:《货币改革论》，第154—155页。并参看D. H. 罗伯逊先生的一篇令人感兴趣的论文:“我们想使黄金如何变动?”，重印于《国际黄金问题》，第18—46页。

显然从属于政策的其他主要目标——在逻辑上是不相容的。你可以追求这一个或追求那一个——我们不能肯定是否可永久地保持价格稳定,或价格稳定是否有助于达到均衡状态——但你同时追求这两个目的就不合理了。如果你这样做,必然会遭到失败。这些结论是所有经济学家都非常清楚的。可如果没有分析工具,我们当中能有几个人知道这两个目的不相容呢!

下面再举个小小的例子。不作经济分析,便不可能对两种社会制度作合理的选择。我们已经知道,如果我们认为容忍收入不平等的社会本身是一种罪恶,平等的社会是应该追求的最高目的,那就不能把这种偏好视为不经济的。但如果不充分了解由此而必须作出什么样的牺牲,则不能认为这种偏好是合理的。而要做到这一点,我们不仅得了解资本主义机制的基本性质,还得了解用以代替资本主义的那种社会必须满足的条件和所受到的限制,若不知道达到那一目的要作出什么样的牺牲,选择那一目的便是不合理的。在作这种最后的权衡时,只有完全了解现代经济分析的含义,才会具有作出合理判断的能力。

如果情况是这样,还何必为经济科学要求较高地位呢?我们不了解自己正在做什么,不正是我们时代的负担吗?我们的大部分困难都产生于这样一个事实,即我们选择不相容的目的,并不是因为我们希望陷入僵局,而是因为我们不知道它们是不相容的。在现代社会中,人们对最终目的有分歧,以致不可避免地发生冲突,是很正常的。但是很显然,我们的许多最紧迫的困难并非产生于这一原因,而是因为我们的目标彼此不协调。作为消费者我们希望价格便宜,作为生产者我们选择安全。作为私人消费者和储蓄者我们着重生产要素的一种配置。作为公民我们又赞同破坏这种配置的安排。我们要求降低利率,降低物价,减少进口,扩大贸易额。[①] 而社会上不同的“决断组织”虽由相同的个人所组成,却有不同的偏好。我们似乎到处遇到困难,这些困难与其说产生于政治团体不同成员之间的意见分歧,还不如说产生于每一成员的人格分裂。[②]

针对这种情况,经济学提供了解决问题的方法。它能使我们明了各种不同的政策具有的广泛含义。它并不而且也无法使我们逃避对各种不同的政策作选择的必然性。但它确实能使我们的不同选择和谐一致。它无法去除人类行为所受到的最终限制。但它确实能使人类在这些限制之内行为一致。在错综复杂的现代世界上,它可以延长其居民的感知器官。它提供了帮助人类合理行为的方法。

于是在另一种意义上,确实可以说经济学假设人类社会具有合理性。它并不像人们常说的那样,宣称人类行为必然是合理的,即人类所追求的目的不互相矛盾。经济学的一般法则并未暗示,人类的最终评价都经过深思熟虑。经济学并不依赖于这样的假设,即个人的行为总是合理的。但它出于要使自己存在的实际理由,确实依赖于这样的假设,即个人合理的行为是有好处的。它确实假定,在必要的限制范围之内,选择可以和谐地达到的目的是有

① 参看 M. S. 布朗:《国家经济政策理论》,第 5 页。

② 经济分析由此而揭示出更多的实例,说明了人们最近讨论公法方面的主权理论时已注意到的一种现象。参看菲吉斯:《现代国家中的教会》;梅特兰:《吉尔克的中世纪政治理论引论》;拉斯基:《现代国家中的主权和权威问题》。

好处的。

因此，归根结底，经济学即使不为了自己的存在，至少也为了自己有意义，确实依赖于一最终的评价，即断言在了解各方面情况的条件下能够作合理的选择是有好处的。如果不合理性，如果随时屈从于外部刺激和不协调的冲动等盲目力量是高于一切的善，那毫无疑问，经济学存在的理由便消失了。我们的时代已被自相残杀的鲜血染红，已被聪明的领袖们难以令人置信地出卖，而其另一悲剧是竟然出现了这样一些人，他们支持这种最终的否定，赞同逃避作有意识的选择这一悲剧性的必然性。若是这样，那就什么话也不用说了。背叛理性实质上也就是背叛生活本身。但是，对于所有那些仍然坚持较为积极的价值观念的人们来说，经济学首先是社会秩序中合理性的象征也是对合理性的保护，因而经济学在未来令人忧虑的岁月里，正因为其主张受到上述威胁，而必然具有更加崇高的特殊意义。

译　后　记

本书作者莱昂内尔·罗宾斯为英国当代著名经济学家，1929—1961 年任伦敦经济学院经济学教授。30 年代任该学院经济理论研究班主任，对当时的年轻经济学家有很大影响。1959 年被封为非世袭贵族，此后担任过许多公职，如 1961—1964 年任高等教育委员会主席，1961—1970 年任《金融时报》社长。主要著作除本书外还有：《英国古典政治经济学的经济政策理论》、《罗伯特·托伦斯与古典经济学的演变》、《经济思想史中的经济发展理论》等。

罗宾斯对经济学的贡献可分以下四个方面：经济理论、经济学方法论、经济政策理论以及经济思想史。

他对经济学的最大贡献是在第二个领域，即经济学方法论，而本书便是他在此领域的代表作。1932—1960 年间，此著作即使未得到人们最广泛的阅读，也得到了最广泛的引用，它极大地影响了经济学家对经济科学性质的看法。

作者在本书中首先直接提出问题，经济学的基本命题是什么？其次，他认为这些问题与实践有关；第三，他摒弃了历史归纳主义；第四，他认识到经济学中受人控制的试验具有局限性；第五，他认为微观经济学的正确性并不依赖于特别的心理学原理;第六,他指出经济学不依赖于伦理上恰如其分的个人评价;第七,在书中的不同地方,他都强调抽象的作用,这种抽象是由一些特定的假设构成的。

译　者

图书在版编目(CIP)数据

经济科学的性质和意义/(英)莱昂内尔·罗宾斯著；朱泱译.—北京：商务印书馆，2017
(汉译世界学术名著丛书：120年纪念版：珍藏本)
ISBN 978-7-100-14085-0

Ⅰ.①经… Ⅱ.①莱… ②朱… Ⅲ.①现代资产阶级经济学—研究 Ⅳ.①F0

中国版本图书馆CIP数据核字(2017)第137961号

汉译世界学术名著丛书
(120年纪念版·珍藏本)
经济科学的性质和意义
〔英〕莱昂内尔·罗宾斯 著
朱 泱 译

商 务 印 书 馆 出 版
(北京王府井大街36号 邮政编码100710)
商 务 印 书 馆 发 行
南京爱德印刷有限公司印刷
ISBN 978-7-100-14085-0

2017年12月第1版 开本710×1000 1/16
2017年12月第1次印刷 印张9
定价：58.00元